保育士を育てる⑨
谷田貝 公昭［監修］

子ども 家庭支援論

和田上 貴昭・髙玉 和子［編著］

一藝社

監修のことば

　本「シリーズ 保育士を育てる」は、保育士を養成する大学・短期大学・専門学校等のテキストとして利用されることを願って刊行するものである。

　本シリーズは、厚生労働省から出ている「保育士養成課程を構成する各教科目の目標及び教授内容について」に準拠したものである。また、ここで取り上げた各教科目は、保育士資格を取得するための必須科目となっているのである。

　保育士とは、「専門的知識及び技術をもつて、児童の保育及び児童の保護者に対する保育に関する指導を行うことを業とする者」（児童福祉法第18条の4）をいう。従前は、児童福祉施設の任用資格であったが、2001（平成13）年の児童福祉法の改正によって、国家資格となった。

　保育士の資格を取得するためには、大学・短期大学・専門学校等の指定保育士養成施設で所定の単位を取得して卒業して得るか、国家試験である保育士試験に合格して取得する方法とがある。

　よく「教育は結局人にある」といわれる。この場合の人とは、教育を受ける人（被教育者）を指すのではなく、教育をする人（教育者）を意味している。すなわち、教育者のいかんによって、その効果が左右されるという主旨である。

　このことは保育においても同じである。保育の成否は保育士の良否
にかかっていることは想像に難くない。保育制度が充実し、施設・設
備が整備され、優れた教材・教具が開発されたとしても、保育士の重
要性にはかわりない。なぜなら、それを使うのは保育士だからである。
いかに優れたものであっても、保育士の取り扱い方いかんによっては、
子どもの発達に無益どころか、誤らせることも起こり得るのである。
したがって保育士は、保育において中心的位置を占めている。

　各巻の編者は、それぞれの分野の第一線で活躍している人たちであ
る。各巻とも多人数の執筆者で何かと苦労されたことと推察し、お礼
申し上げたい。

　本「シリーズ 保育士を育てる」は、立派な保育士を育成するうえで、
十分応える内容になっていると考えている。

　われわれ研究同人は、それぞれの研究領域を通して保育士養成の資
を提供する考えのもとに、ここに全9巻のシリーズを上梓することに
なった。全巻統一の論旨については問題を残すとしても、読者諸子に
とって研修の一助となれば、執筆者一同望外の喜びとするものである。

　最後に、本シリーズ出版企画から全面的に協力推進していただいた
一藝社の菊池公男会長と小野道子社長に深甚の謝意を表したい。

　　2020年1月吉日

　　　　　　　　　　　　　　　　　監修者　谷田貝公昭

ま え が き

　かつてイギリスで貧困調査を行ったラウントリー（Rowntree, B. S. 1871 〜 1954）は、人生における貧困のリスクが高くなる時期について、子ども期、子育て期、老齢期の3回であることを明らかにした。現代社会において子ども期・子育て期は、貧困のリスクに加え、子育てに伴う負担や様々な生活上の困難が生じやすい時期として捉えることができる。そのため、保育所等を利用する子どもたちの家庭においても、様々な生活上の困難が生じている可能性があると考えて保育を行う必要がある。

　例えば、経済的に困窮していて気持ちの余裕がない親の下で育つ子どもたちは、親に甘えたくても甘えられなかったりするかもしれない。その不満を保育所等で発散することもあり得る。日本語を話せない親の下で育つ子どもたちは、言葉の獲得において課題が生じたり、友達関係において困難を有するかもしれない。保育士はこうした子どもたちの言動の背景を踏まえて、適切に対応する必要がある。

　保育士の役割はご存知の通り、保育と子育ての支援であるが、この2つは別々に存在するものではない。保育士は子どもたちに対して発達・発育に応じた関わりをするだけでなく、家庭背景や子ども個々の状況を適切に捉えて保育を行う。先ほどの例はまさにそれを表してい

る。さらに必要に応じて親へも働きかける必要がある。このように子
育てを支える保育士の役割は多様で高度な専門性を必要とするため、
子育て家庭への支援について学ぶことは重要である。

　「子ども家庭支援論」は2019年に開始された新しい保育士養成課程
において新たに設置された科目である。それまでの子育て支援関連科
目が整理され再編される形で誕生した。家庭支援を保育士の役割とし
て明確に位置づけるという改正の意図がこの科目誕生に現れている。
本書は、子どもの保育だけでなく家庭支援を行うための専門性を築く
のに必要な内容となっている。ぜひ活用していただきたい。

　最後に、各執筆者との連絡や編集作業、トラブルへの対応など本書
の出版にご尽力いただいた一藝社編集担当の川田直美さんに厚く御礼
を申し上げる。

　2020年3月

編著者　和田上貴昭

髙玉　和子

も く じ

第1章

家庭の機能と役割

第1節 »»» 家庭とは

▶ 1 「家庭」

「家庭」という言葉を聞いて思い浮かべるイメージは、人それぞれだろう。家という空間をイメージする人もいれば、家族をイメージする人もいるだろう。また、家でのエピソードをイメージする人もいるのではないだろうか。辞書で調べると家庭は、「夫婦・親子などの関係にある者が生活をともにする、小さな集団。また、その生活する所。」（大辞林　第三版）とある。このように家庭という言葉は実に多様なイメージで捉えられる。そこには、近親の血縁者が住居と家計をともにする「家族」や、日常的生計を共にしている同居集団（所帯）を表す「世帯」とは異なる、多様な側面がある。

　また、「家庭的」について調べると「①家庭に関するさま。②いかにも家庭らしい感じがするさま。」（大辞林　第三版）と記されている。「家庭的」という表現は、料理等の家事ができるとか、育児に積極的とか、家庭での営みを積極的に行っているというイメージがある。「家庭」に「的」がつくことで、家庭からイメージされる事柄がより鮮明に想起される。家族が起居を共にし、家族内のそれぞれの役割を果たし、お互いを思いやるイメージにより構成されている。ただし、これらは社会的に期待される「家庭」での営みであろう。

　このように家庭については、そこで期待される営みを含めたイメージ

を持つ言葉として一般には使用されるが、本論において家庭とは、家族そのものを指し、同時に生活する場や、そこでの営みをも含む言葉として、捉えることとする。

▶ 2　家庭の果たす機能、求められる機能

　人間ははるか昔から家族や親族などが一つの単位として生計を共にし、助け合うことで生活してきた。農業や漁業等を家族が担うのが主流の時代、そこで暮らす家族成員の数は多い方が労働力の面から効率が良いため、現在よりも多い人数で家族を形成して生活をしてきた。また家族の人数が多いことで、家事や育児、介護の担当者を家族内で調整しやすくなる。家族が果たしてきた独自の役割を家族機能と呼ぶが、こうした時代に家族が果たす機能は幅広いものであった。近代家族の家族機能には様々な立場があるが、性的機能、生殖的機能、教育的機能、経済的機能などが代表的なものであろう。

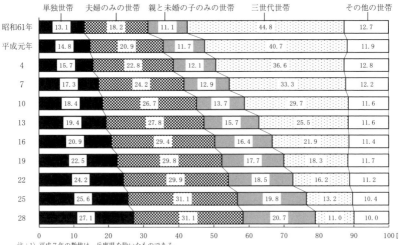

図表 1-1　65 歳以上の者のいる世帯の世帯構造の年次推移

注：1）平成7年の数値は、兵庫県を除いたものである。
　　2）平成年の数値は、熊本県を除いたものである。
　　3）「親と未婚の子のみの世帯」とは、「夫婦と未婚の子のみの世帯」及び「ひとり親と未婚の子のみの世帯」をいう。

出典：厚生労働省「平成 28 年　国民生活基礎調査の概況」p.4、2017 年

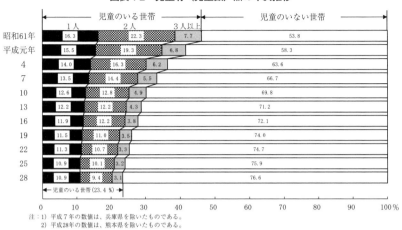

図表 1-2　児童有（児童数）無の年次推移

出典：厚生労働省「平成 28 年　国民生活基礎調査の概況」p.7、2017 年

　しかしながら現在、家族の規模は縮小傾向にある。図表 1-1、1-2 にあるように、「三世代世帯」の減少と「単独世帯」等の増加、きょうだいのいない子どもの増加が顕著である。これらはサラリーマン世帯の増加が一因にある。先述の通り家族で第 1 次産業のような仕事を担っている状況であれば、労働力として熟達していない子どもや、体力の低い高齢者でも何らかの役割を見いだすことができる。そのため家族の数が多い方が有利であったが、サラリーマンのように雇われて仕事に就く場合、その人が扶養する家族の人数は少ない方が経済的に効率が良い。家族の規模が縮小するのは必然だった。ただし家族の規模が縮小化することで同時に家族機能も脆弱化せざるを得なくなる。そこでそれまで家族内で担ってきた役割を外部に求める必要が生じた。

　コンビニ弁当や介護サービス、保育所などは、それまで家族成員が担ってきた家族機能が外部化されたものと捉えることができる。家族の人数が多ければ家事、介護、育児は家族内で行うことができたが、人数が少ない状況ではお金を払ってでも、外部の営利／非営利サービスを利用せざるを得ないのである。

第**2**節 ››› 家族システムと家庭

► 1　システムとしての家族

　家族システム理論という考え方においては社会や家族をシステムの一部として捉える。家族を、単なる人と人との寄せ集めではなく、人同士が有機的に関係し合い、全体として一つの機能を果たしているシステムと捉える。同時に生態システムのサブシステムでもあり、それぞれのシステムはシステム内およびシステム間で相互作用を及ぼす存在とみなされる。家族全体をシステムとして捉え、家族内の事象について、システムの家族はその成員間で下位のシステム（サブシステム）を構築し、その役割を果たす。つまり各家族成員間の役割やコミュニケーションの状況により、家族は形作られ、それぞれがそれぞれの役割を果たすことで、

図表 1-3　家族システムとサブシステム

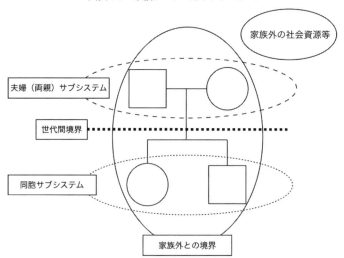

出典：ミニューチン（1984）を参考に筆者作成

家族全体としての機能を果たしていくことになる。

　図表1-3において夫婦サブシステムとは、夫婦がその家族の中で果たすべき役割で、その関係性のシステムである。その際、夫婦間での意思疎通が適切でないとその役割が果たせなくなり、家族として機能しない事態が生じる。他のサブシステムでも同様である。両親サブシステムにおいては、その夫婦（両親）が子どもの発達状況に合わせて親の役割を適切に担うことが求められる。きょうだい（同胞）においては、きょうだい間での相互交流を通して様々な学びを得る。さらに、家族外の社会資源等が記されているように、家族の外側には社会資源や地域の人たち等が存在し、家族とその外側との境界を明確にしていく必要がある。

▶ 2　家族の段階

　さらに、家族は時間の経過と共に変化を余儀なくされる。これは家族の生活周期（家族ライフサイクル）として説明される。いわゆる核家族をモデルとして考える場合、その家族は結婚によって成立し、新婚期、育児期を経て、やがて成人した子どもが世帯分離をしていくことによってふたたび夫婦2人となる。配偶者の死や本人の死によってこの家族は消滅する。ただし、生まれた子どもは、結婚を通じて両親と同じ核家族を再生するというものである。

　家族の各段階によって夫婦の関係や親子の関係等は変化し、それぞれが取り組むべき課題も変化していく。子どもが生まれる前と後では夫婦関係はその求められる役割の違いから大きく変化せざるを得ないし、子どもが乳幼児期と学童期、思春期では親としての役割が異なる。また、その夫婦の両親の世代や子どもの世代といった異世代への配慮も自身の家族に影響を与える。子どもが自立していく時期に親の世代の介護等の問題が生じたり、子どもの巣立ちが元の家族に喪失感を与えたりする。こうした段階ごとの特徴を踏まえて家族を捉える方法は、家族内の事象を捉える上で有効であると考える。

　ただし近年はひとり親家庭や結婚しない人たち、離婚や子どもをもたない選択をする人などの存在もあり、多様な家族形態は上記の生活周期の説明になじまない場合もある。

第3節 »»» 子どもにとっての家庭

▶1　しつけと子どもの権利

　子育て期の家族に焦点を当ててみよう。子育て期の家族の特徴としてまずあげられるのは、子どもが生物的にも社会的にも未成熟で親（保護者）の養育等なしには生きていけないことであろう。子どもは家庭において親からの養育を受け、心身の発達・発育が促され、社会性を身につけた存在となる。その体験は人間であれば誰でも経験する過程であるが、親は大きな負担の下にその役割を担う。特に子どもが社会性を身につけるために必要となるしつけは、親を悩ますことも多い。

　しつけとは子どもが将来、社会生活に適応するために望ましい生活習慣を教える取り組みであるが、近年は児童虐待や体罰との関連においてこの用語が登場することがある。前述の通り、しつけは「教える」ことであり、その方法として暴力を用いる必要はない。ただし過重な負担がかかる子育てにおいて、親が感情的になり暴力を用いることはありうる。そしてそれを「しつけの一環として行った」と親が発言することもある。ただし、暴力を用いてしつけをすることは子どもの発達に長期的な悪影響しか与えないことが明らかになっている。暴力を用いないしつけが実施されなければならない。

　民法では親権について次のように記されている。「親権を行う者は、子の利益のために子の監護及び教育をする権利を有し、義務を負う。」（民法820条）。親（保護者）にとって子どもの養育は権利であり、義務で

図表 1-4　児童福祉法第 2 条

第 1 項	全て国民は、児童が良好な環境において生まれ、かつ、社会のあらゆる分野において、児童の年齢及び発達の程度に応じて、その意見が尊重され、その最善の利益が優先して考慮され、心身ともに健やかに育成されるよう努めなければならない。
第 2 項	児童の保護者は、児童を心身ともに健やかに育成することについて第一義的責任を負う。
第 3 項	国及び地方公共団体は、児童の保護者とともに、児童を心身ともに健やかに育成する責任を負う。

ある。親が子どもを私物化するような行為は認められておらず、「子の利益のために」行うこととされている。なお、この文言については2011 年の民法改正時に親権停止の規定と共に加わったもので、児童虐待の社会問題化がその背景にある。一方で民法 822 条には「親権を行う者は、第 820 条の規定による監護及び教育に必要な範囲内でその子を懲戒することができる。」とあり、「必要な範囲内でその子を懲戒すること」が認められている。懲戒とはしつけのために体罰を用いることを認める規定である。親権にこの懲戒権が含まれていることについては、議論があったものの、この改正により削除されることはなかった。

　一方、児童福祉法では、第 2 条で図表 1-4 の通り記されている。

　子どもを権利の主体として捉える「児童の権利に関する条約」の理念にのっとり、養育を受けられることが明記されている。また、保護者は子どもの育成における第一義的責任を負い、国や自治体は保護者と共にそれを行うことが明記されている。

　子どもは親（保護者）が養育の責任を負うが、その内容は子どもの権利に配慮したものでなければならず、国や自治体は親（保護者）がそれを適切に行えるような環境を提供していくことが必要となる。

▶2　養育における家庭

　これまで見てきたとおり、家庭は、家族成員がそれぞれの役割を果たすことによって形作られ、同時に家族成員の状況によって常に変化をしていく存在である。そして家族成員間の関係性は家族が果たす役割に影

響を与える。子どもがいる場合にはその権利擁護を重視する必要がある。

　近年、児童虐待や DV 等、家庭内における暴力が社会的問題となり、2000 年の児童虐待の防止等に関する法律施行以降、家庭内のトラブルに行政機関や司法機関が関与するようになった。また、こうした事態が生じないように、子育て支援施策が多く提供されるようになった。これは家族機能の脆弱化による影響として捉えることができるが、一方、こうした子育て支援施策のような外部の力を活用することで危機を回避するという、機能が家庭には求められるようになってきていると考えられる。ただし、すべての子育て家庭がこうした外部のサービスを活用できるような力を持っているわけではない。今の時代に家庭が持つべき機能や果たすべき役割を支える施策が今後重要となってくる。

【引用・参考文献】

S.ミニューチン、山根監訳『家族と家族療法』誠信書房、1984 年

厚生労働省「平成 28 年　国民生活基礎調査の概況」〈https://www.mhlw.go.jp/toukei/saikin/hw/k-tyosa/k-tyosa16/dl/16.pdf〉（2020.1.15 最終アクセル）

松村明『大辞林〔第三版〕』三省堂、2006 年

（和田上貴昭）

第2章

家庭支援の意義と社会状況

第1節 »»» 家庭と社会の変容

▶ 1 社会・人口の流動化と変化

　グローバル化の時代が到来し、私たちの身の回りでも世界の人々と繋がっているということを実感する機会が増えてきた。電車等の交通機関の中で外国籍の人たちを見かけたり、仕事で一緒に働くことや地域の交流会で話し合うことも多くなってきた。在留外国人の人数は2019年6月末で251万1,567人となり、また日本を訪れる外国人入国者数は3,010万2,102人である。人種や民族、言語、文化、生活様式等が異なる多様な人たちと共に生活する社会を作っていく時代に入っている。

　子育て世代の親が多種多様な文化をもつ人たちと出会うことは、これからの時代に当たり前のこととなってきている。お互いに情報交換をしながら、それぞれの子育てに関する良いところや便利な点を取り入れ、その時代にあった子育て文化を育てていくようになるであろう。

▶ 2 少子化と家族形態

　日本では人口減少が始まり、現在の人口を維持することが難しくなりつつある。人口が減る要因の1つとしてあげられるのは晩婚化・晩産化であり、生まれてくる子ども数が少なくなり、初めて第1子を出産する母親の年齢も年々高くなっている（**図表2-1**）。子どもを1～2人など少なく産むようになり、きょうだい数も減り、地域で出会う親子も少なく

なってきている。このように少子化が急激に進んできたことに対し、国が少子化対策に取り組むようになってきた契機として、1990年の「1.57ショック」がある。それ以降も合計特殊出生率（15歳から49歳までの女性の年齢別出生率を合計し、1人の女性が仮にその年齢別出生率で一生の間に産むとした時の子どもの数に相当）が低迷し、人口置換率が2.08であることからみて、人口は減少していく。2005年に1.26と過去最低となり、その後少し上昇したが、2018年は1.43に留まっている。

　近年女性の社会的活躍が進み、国も女性が働くことを奨励していることから、共働き世帯が専業主婦世帯を上回るようになってきた。

　家族形態の変化は高度経済成長期から始まっており、1975年には核家族世帯が58.7％と約6割になっている。当時の核家族世帯の内訳をみると、親と未婚の子のみの世帯（ひとり親と未婚の子のみの世帯含む）46.9％、夫婦のみの世帯11.8％である。しかし、2018年には核家族世帯

図表2-1　平均初婚年齢および母親の平均出生時年齢

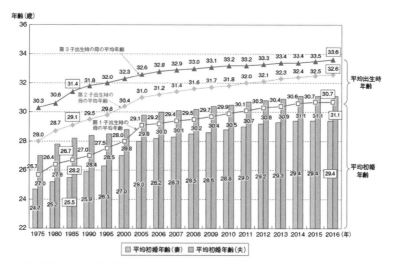

資料：厚生労働省「人口動態統計」

出典：「平成30年版少子化社会対策白書」p.14〈www8.cao.go.jp/shoushi/shoushika/.../b1_s1-1-3.html〉

割合は 52.8％と一見すると変化はないようにみえるが、内訳をみると、親と未婚の子のみの世帯 20.5％、夫婦のみの世帯が 32.3％となり、子どもがいる世帯が減少していることがわかる。このように世帯類型をみても少子化が進行していることが顕著である（厚生労働省「国民生活基礎調査」）。

第2節 »» 社会における女性の働き方に対応する法制度

▶ 1　男女雇用機会均等法

　女性が社会の中で働くことは特別なことではなくなり、結婚して子どもをもっても働き続ける女性が増えてきている。

　日本において「雇用の分野における男女の均等な機会及び待遇の確保等に関する法律」（以下、男女雇用機会均等法という）が 1985 年に制定され、これにより事業主が労働者を雇用する際に、性別によって差別することなく取り扱うことになった。また、職場で働く時も職位など待遇面においても均等な機会を設けるようになった。さらに、女性が妊娠、出産する場合には、母性を尊重して職業を続けられるよう職場環境への配慮も義務付けられている。以下が男女雇用機会均等法の目的と基本的理念である。

　（目的）

第1条　この法律は、法の下の平等を保障する日本国憲法にのつとり雇用の分野における男女の均等な機会及び待遇の確保を図るとともに、女性労働者の就業に関して妊娠中及び出産後の健康の確保を図る等の措置を推進することを目的とする。

　（基本的理念）

第2条　この法律においては、労働者が性別により差別されることなく、

　また、女性労働者にあっては母性を尊重されつつ、充実した職業生活が
　営むことができるようにすることをその基本的理念とする。
2　事業主並びに国及び地方公共団体は、前項に規定する基本的理念に従っ
　て、労働者の職業生活の充実が図られるように努めなければならない。

　このほか、女性労働者に対する法律は労働基準法にも、男女が同一賃
金であること、産前産後休業等に関する母性保護措置、セクシュアルハ
ラスメント・出産等に関するハラスメントなど定められている。

▶2　男女共同参画社会基本法

　男女共同参画社会とは、男性も女性もどちらも自分の能力を発揮して
生活できる社会を築いていこうとする取り組みである。1999年に男女
共同参画社会基本法が制定された。法成立の背景には、その4年前に第
4回国連世界女性会議が開催され、女性の貧困問題が取り上げられて以
来、人々の関心が高まってきた。法第2条に定義が示されている。

（定義）

第2条　この法律において、次の各号に掲げる用語の意義は、当該各号に
　定めるところにある。
1　男女共同参画社会の形成　男女が社会の対等な構成員として、自らの
　意思によって社会のあらゆる分野における活動に参画する機会が確保さ
　れ、もって男女が均等に政治的、経済的、社会的及び文化的利益を享受
　することができ、かつ、共に責任を担うべき社会を形成することをいう。
　（以下省略）

男女共同参画社会における5つの基本理念は第3条から第7条に示され
ている。
①男女の人権の尊重
②社会における制度又は慣行についての配慮

③政策等の立案及び決定への共同参画

④家族生活における活動と他の活動の両立

⑤国際的協調

　このように法律で定められていても、実際の家庭生活において家事・育児を担当するのは女性であることが多く、家事・育児時間における夫と妻の担当時間の割合をみても、女性の方が多く時間を割いている。これまでの慣習として女性が担ってきたことを変えることは難しいが、近年徐々に改善されてきている。

▶ 3　育児・介護休業法

　「育児休業、介護休業等育児又は家族介護を行う労働者の福祉に関する法律」(以下、「育児・介護休業法」という) は 1991 年に成立した。仕事と家庭との両立を目指して、その負担を軽減するため、働いている子どもをもつ保護者に対して一定期間仕事を休み、母親あるいは父親が家庭で子どもを育てる時間が持てるようにする制度である。改正育児・介護休業法 (2017 年 10 月 1 日施行) の主な改正点は 3 つである。

　①育児休業は子が最長 2 歳に達するまで取得可能

　②育児休業制度等の個別的周知努力義務の創設

　③育児目的休暇制度の努力義務の創設

　これまで育児休業は子どもが 1 歳まで取得できるとしていたが、1 歳 6 か月以後も保育園等に入れない場合、申し出れば最長 2 歳まで延長できるようになった。また、小学校就学に達するまでの子どもをもつ場合、配偶者の出産休暇や入園式、卒園式などの行事参加のための休暇も取れるようになった。育児・介護休業制度は、子育てをしながら職業生活を継続していくために必要な制度として周知されるようになってきたが、男性の取得率は一桁台であり、女性も 100％ではない (**図表 2-2**)。これまでみてきたように、ワーク・ライフ・バランスという用語も社会に浸透してきたが、本来の意味における状態として定着しているわけではな

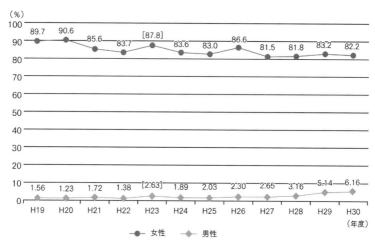

図表 2-2　男女における育児休業取得率

出典：厚生労働省「雇用均等基本調査」
〈https://work-life-b.co.jp/information/20190628_2.html〉

い。働く人たちが仕事と家庭とのバランスをとって生活ができているか
というと、まだ道は遠いといわざるを得ない。

第3節 »»» 子育て家庭支援の必要性と意義

► 1　子育て家庭への支援がなぜ必要か

　日本は超少子高齢社会を迎えていることに加え、従前の地域社会で近
隣住民が子育てを助け合う文化が失われてきている。地域での子ども同
士の遊びでは必ず大人が見守ることが大切であるが、繋がりが希薄とな
り、隣近所に誰が住んでいるかわからない状況が出てきている。三世代
世帯で暮らす子育て家族も減少し、核家族での子育ては子どもや家族の
病気等への対処は厳しいといえるだろう。

　国は子育て家庭への支援として、エンゼルプランをはじめとして次々

と少子化対策を策定してきた。現在子ども・子育て支援事業法に基づき、2017 年から子ども・子育て支援事業計画が実施されている。子育て家庭に向けた各種事業の中には、親同士が繋がる機会を設け、子育てひろばや子育て講座、園庭開放などでお互いが知り合ったり、一緒に活動できるようにしている。また保育所や子ども家庭支援センターなど様々な施設で相談窓口を設けて、子育てに関する不安や悩みの相談に応じたり、情報提供をするなど行っている。

　つまり、現在行われている子育てに関する公的施策において、保育士や保健師などの専門職が、専門的知識・技術を活かして子育て家庭を支援する役割を担っている。さらに、親同士結びつける仲介役としての機能することが求められている。親自ら他の親に話しかけ関係性を築くことが出来にくい状況があるため、そのような場を恣意的に作り出していくことが必要となっている。それにより、子育て家庭の親が繋がっていき、相互交流を深めながら助け合いが生まれてくることになる。

▶2　時代とともに進展する家庭支援

　ここ数年日本において「ネウボラ」という言葉を聞く機会が増えている。この用語の発祥はフィンランドである。小児科医のアルヴォ・ユルッポ（Arvo Ylppo、1887 ～ 1992）が中心となって、1922 年にマンネルヘイム児童保護連合を創設したことに始まる。ユルッポは、「幼子の世話をするすべての母親たち、貧しい母親にも裕福な母親にもあまねく、直接のアドバイスを得る機会、さらに必要なときには直接の援助が得られる機会を提供するために、1 つにまとまった中央組織をつくらなければならない」と述べている。今から約 100 年前に子ども家庭支援の原型ともいえる考え方が示され、長い年月をかけて妊娠期から出産、子育て期に途切れることなく、すべての子育て家庭に対する保健・福祉サービスの基礎を築き実施している。

　「ネウボラ」とは、「相談・アドバイスの場」と訳される。「ネウボ」

は相談・助言を意味し、「ラ」は「場」を指している語である。

　一方、日本は妊娠期から出産までの期間は、産科病院や保健所・保健センターが中心として関わる。出産後しばらくは同様の機関に小児科が加わってくる。産後の母子に関しては、保健センターが中心に新生児訪問指導や乳児家庭全戸訪問事業を行うとともに、乳幼児健康診査を実施する。働いている母親の子どもは育児休業が明けたら保育所等を利用し、専業主婦の場合、幼稚園や認定こども園を利用することになる。

　このようにみていくと、日本は保健医療体制と保育・幼児教育体制に二分されて子どもと親に関わっていくことになり、この状況を変えるために「子育て世代包括支援センター」の設置に着手し、ようやく子育て家庭が総合的に支援される体制の一体化が始まってきたばかりである。

【引用・参考文献】

高橋睦子『ネウボラ　フィンランドの出産・子育て支援』かもがわ出版　2015年

内閣府「平成30年版少子化社会対策白書」

（髙玉和子）

第3章

子ども家庭支援の目的と必要性

第**1**節 »»» 家庭が持つ子育て機能の低下

▶ 1　家庭・子育てのあり方の変化

　第二次世界大戦まで、日本では農業などの第一次産業の割合が高かったこともあり、三世代、四世代が同居することが多かった。また、地域の住民同士のつながりが深く、合計特殊出生率が高かったため、子育て経験者が地域に多くいた。つまりかつての日本では、子どもと家族、子どもと職業、子どもと地域などが密接に関わり、子育てのネットワーク機能が自然と形成されていたため、子育てしやすい社会的な環境が築かれていたといえる。

　しかし、高度経済成長以降、都市化や地方の過疎化、核家族化が進んだ。また、「男は妻子を養うため仕事をし、女は家庭を守るため、家事・育児に専念するべき」といった性別役割分業が家庭のあり方として認知されていき、母親は子育てに対して夫や親・近隣住民の支援を得にくく、孤立した育児を強いられるようになった。

▶ 2　子育てを支える社会環境の変化

　都市化・過疎化の進行は、子育てを取り巻く社会環境に様々な影響を与えることとなった。都市化により道路や工場、高層ビルや住宅などの建設が進められ、都市部では空き地や野原といった子どもの遊び場が減少していった。一方で、過疎化が進んだ農村部では、子どもの数が大幅

に減り、異年齢の子どもが自然発生的に遊ぶ姿が減っていった。また、近年では子どもの声や遊ぶ音に対する騒音の苦情が寄せられたり、事件や事故が多く報道されることで、子どもだけで遊ばせることが難しくなってしまった。子どもの遊ぶ機会や場所がますます制限され、放課後や休日に地域の中で子どもたちは家庭の外で遊ぶことができず、習い事や塾が子ども同士の交流の場となってきている。

　また、近年は個人の生き方を尊重する風潮が強まり、行為の決定や結果による責任において個人の判断が尊重されるようになった。人生における様々な選択が個人の自由と捉えられるようになり、非婚、離婚、未婚による出産を「多様な家族のあり方」として容認されやすくなってきている。多種多様なライフスタイルのあり方が認められるようになったことで、同時にこの多様性に対応した子育て支援も求められるようになってきている。

第2節 »»» 子育て家庭が抱える課題

▶ 1 共働き家庭

　高度経済成長期に増加した男性雇用者と無業の妻から成る世帯（専業主婦のいる世帯）は、その後の経済不況や社会保障負担の増加、政府や企業による女性の労働参加促進などにより減少を始めた。一方、共働き家庭は、1997年に専業主婦のいる世帯を上回り、現在も増え続けている（**図表3-1**）。また、厚生労働省（2019）によると、「末子の年齢階級別にみた、母の仕事の状況」では、18歳未満の児童のいる世帯のうち、0歳の子どもがいる母親の45.1％が働いており、子の年齢が上がるほど女性の就労率は上昇している。母親が働く姿は当たり前となった。

　女性の就業率が上昇する一方で、男性による育児参加はあまり増加していないのが現状である。父親が育児に参加している家庭における母親

図表 3-1　共働き世帯の推移

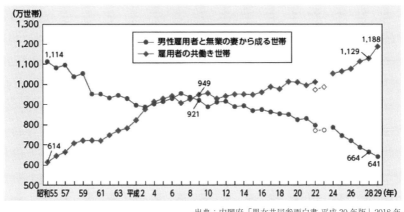

出典：内閣府「男女共同参画白書 平成 30 年版」2018 年

は、そうでない母親よりも子育てに対する肯定感が強いことが示されている（柏木・若松、1994）。しかし、家事・育児の国際比較をみてみると、1 日における育児を含む家事の時間について、先進国の中には 3 時間を超える国もある中、日本の男性は 1 時間 23 分と最低の水準となっている（**図表 3-2**）。

　このような中、ファーストフード店や深夜のコンビニで、従業員が全ての業務を切り盛りすることで問題となった「ワンオペレーション」に

図表 3-2　6 歳未満の子どもをもつ夫婦の育児・家事関連時間（1 日当たり）—国際比較—

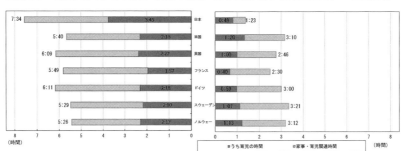

出典：Eurostat（2004）"How Europeans Spend Their Time Everyday Life of Women and Men"
Bureau of Labor Statistics of the U.S.（2016）"American Time Use Survey"
総務省（2016）「社会生活基本調査」

なぞらえ、母親が育児や家事を1人で担い、ブラック企業のように育児を強いられる状態をインターネット上で「ワンオペ育児」とよばれるようになり、メディアなどを通じて広がりつつある。

　共働き家庭には様々な社会的課題があり、待機児童問題によって保育所利用ができなかった場合に仕事を辞めざるを得ない「保活問題」のほかに、「小1の壁」（保育所の延長保育よりも学童等による預かり時間が短くなるため、親がこれまでの働き方をできなくなること）、「小4の壁」（多くの自治体では学童保育等は小学校3年生までしか利用できないため、小1の壁と同様の問題が起きていること）、妊娠や出産を機に産休・育休・時短勤務を取得することで職場の上司などからハラスメントを受けるマタハラ（マタニティ・ハラスメント）、パタハラ（パタニティ・ハラスメント）などが挙げられる。共働き家庭の場合、家庭の中においては食事や余暇をはじめとした、家族が共に過ごす時間や機会が減少していることや、子どもが一人で食事をすませる「孤食」も近年の共働き家庭の課題として挙げられる。

▶ 2　ひとり親家庭

　子どもと母親のみ、または子どもと父親のみで構成される世帯を母子家庭（シングルマザー）・父子家庭（シングルファザー）とよび、近年では総称して、「ひとり親家庭」という名称が使われている。日本では離婚の件数と共に、ひとり親世帯の数が増加傾向にある（**図表3-3**）。

　ひとり親世帯の雇用形態について、母子世帯の43.8％が「パート・アルバイト等」で就労しており、37.6％が年間所得額200万円未満で生活し、45.1％が生活を「大変苦しい」と感じている（厚生労働省、2019年）。また、離婚の際に養育費の取り決めをしていない母子世帯は54.2％と多く、実際に離婚相手から養育費を受け取っているのは、母子世帯で24.3％、父子世帯で3.2％にとどまっている（厚生労働省、2019年）。ひとり親世帯の子どもについての悩みは「教育・進学」（母子58.7％、父子46.3％）、困っていることは「家計」（母子50.4％、父子38.2％）であり（厚生労働省、2017

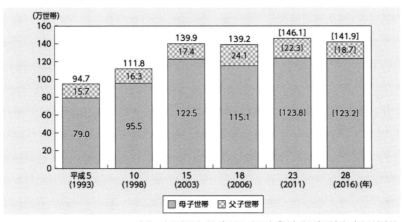

図表 3-3　母子世帯・父子世帯の世帯数の推移（単位：世帯）

出典：内閣府男女共同参画局（2019）「男女共同参画白書 令和元年版」
※ 2011 年以前は、厚生労働省「全国母子世帯等調査」、2016 年は厚生労働省「全国ひとり親世帯等調査」
　より作成（各年 11 月 1 日現在）
※母子（父子）世帯は、父（又は母）のいない児童（満 20 歳未満の子供であって、未婚のもの）がその母
　（又は父）によって養育されている世帯。母子又は父子以外の同居者がいる世帯を含む。
※ 2011 年値は、岩手県、宮城県及び福島県を除く。平成 28 年値は、熊本県を除く。

年）、現在ひとり親世帯の 50.8％が貧困とされており（厚生労働省、2015
年）、OECD（経済協力開発機構）加盟国 35 カ国中、最低の数値となって
いる。これは、日本の税制度や社会保障制度などによる所得再配分の不
備により、ひとり親家庭に貧困を引き起こす逆機能（内閣府男女共同参画
局、2018 年）となっていることが指摘されている。

　この他にも、ひとり親家庭では、苗字の変更や、学校などで子どもが
からかわれる、いじめられるといった経験をしたり、父母どちらかの性
的なロールモデルが不在であるなど、ひとり親家庭独特の課題があるた
め、スティグマ（この場合、ひとり親であることを恥だと思うこと）を持ち
やすく、社会生活を送るうえでの困難さが予想される。

▶ 3　再婚家庭（ステップファミリー）

　夫婦の片方か両方に離婚歴があり、以前の配偶者との間に生まれた子
どもを連れて再婚することで形成される家族をステップファミリーとよ

ぶ。結婚する夫婦の4組に1組は再婚カップルといわれているため、今後もステップファミリーは増加していくことが予想される。

夫婦の両方が初婚である場合と比べると、親の再婚と同時に血縁関係のない親子関係が始まることは、新たに親になる側も、子ども側も様々な不安や葛藤を体験することとなる。お互いの生活習慣に合わせることや、「お父さん（お母さん）」と呼んでくれないこと、別れた実親との関係など、ステップファミリーには様々な課題があることが考えられ、新たな家族がなじむのに何年もかかるケースも少なくない。また、家族の多様なあり方が認められるようになったとはいえ、いまだステップファミリーに対する偏見があることも考えられるため、親と子の両方に配慮や支援が必要となるであろう。

► 4　ドメスティック・バイオレンス（DV、家庭内暴力）

配偶者や恋人などの関係にある相手からうける様々な暴力のことをドメスティック・バイオレンス（DV:Domestic Violence）とよぶ。近年では同居の有無を問わず、元夫婦や恋人など、近親者間に起こる様々な暴力や搾取（**図表 3-4**）のことを指すが、保護命令や警察の援助対象となるのは、身体に対する暴力や生命等に対する脅迫に限られている。内閣府男女共同参画局（2018）によると、女性の約3人に1人、男性の約5人に1人は、配偶者から被害を受けたことがある。

レノア（Lenore E. W. 1942～）によると、DV は、①加害者が暴力を振るった後に反省し優しくなり、②しばらくすると緊張が高まり、③また暴力を振るう、といったサイクルが繰り返される傾向にある。加害者が謝ると被害者は DV がなくなると期待し、また、子どものために自分さえ我慢をすればやりすごせると思い、家庭にとどまることになる。DV を受ける生活が続くと、「逆らっても無駄」と思うようになり、自尊感情や、意欲の低下、うつ状態になることも多く、DV から逃れることを考えられなくなってしまう。

図表3-4　ドメスティック・バイオレンスの種類と内容

	内容
身体的	非衛生（掃除や洗濯をしない）、食事の制限、冷暖房や衣服の制限、医療の制限、暴力行為
心理的	精神的に負担となる言動を意図的にくり返し行う、他人の前で欠点をあげつらう、長時間の無視、子どもを利用した脅し、インターネット上に悪意的な書き込みや画像を載せる、自殺をほのめかす
経済的	交際費を与えない、生活費を与えない、無計画な買い物・借金の繰り返し、家の金を持ち出す
社会的隔離	実家や友人からの電話や手紙の頻度を制限する、電話やメールなどの履歴をチェックする、外出の制限、仕事や社会とのかかわりの制限
性的	相手の意思を無視した性交の強要、性器や性的能力についての侮辱、避妊に協力しない、ポルノを無理やり見せる

出典：夫（恋人）からの暴力調査研究会（2002）「DV」、内閣府男女共同参画局（2018）「男女間における暴力に関する調査 報告書」を参考に、筆者作成

　2004年の「配偶者からの暴力の防止及び被害者の保護等に関する法律（DV防止法）」と「児童虐待の防止等に関する法律（児童虐待防止法）」の改正において、子どもの目の前での配偶者に対する暴力（面前DV）は子どもへの心理的虐待であることが規定された。子どもを視覚的に暴力に曝すことは、子どもの心に大きなダメージが残ることにつながる。

▶ 5　情報化による影響

　都市化や少子化の影響により、戸外で遊ぶ機会が減ってしまった子どもたちは、家の中でテレビやビデオ、ゲーム、インターネットといったあらゆるメディアに接する機会が増えている。親が外遊びを見守ることができず、家の中でスマートフォンやタブレット端末を与えたり、公共の場で子どもを静かにさせたい際にも利用する光景を見受けるようになった。内閣府（2018）によると、インターネットを利用すると回答した青少年の平均利用時間は増え続いており、「趣味・娯楽」で1日平均106分も利用している（**図表3-5**）。

　オンラインゲームやSNSの普及により、子どもたちはウェブ上で他者と交流できるようになったが、不特定多数の人と知り合うことができ

図表 3-5　青少年のインターネットの利用時間（利用機器の合計／平日1日あたり）

	2018 年度		2017 年度		2016 年度	
	平均利用時間	2 時間以上の割合	平均利用時間	2 時間以上の割合	平均利用時間	2 時間以上の割合
総数 (n=2870)	168.5 分	61.5%	159.3 分	57.0%	154.3 分	56.3%
小学生 (n=847)	118.2 分	39.4%	97.3 分	33.4%	93.4 分	32.5%
中学生 (n=1118)	163.9 分	61.0%	148.7 分	56.7%	138.3 分	51.7%
高校生 (n=894)	217.2 分	82.6%	213.8 分	74.2%	207.3 分	76.7%

出典：内閣府「青少年のインターネット利用環境実態調査」2018 年

ることで犯罪などに巻き込まれる、あるいは、有害なサイトにアクセスする、SNS 上でのいじめの問題、24 時間いつでも連絡ができるため昼夜逆転生活を送る、ネット依存になるなど、様々な問題が指摘されている。

　情報化の影響は子どもだけでなく、親にも影響を与えている。子育てに関する情報を簡単に手に入れることができるようになった一方で、情報の氾濫により、間違った情報に対して親自身が正しい情報を選び取ることが求められている。

【引用・参考文献】

阿部彩『子どもの貧困 —— 日本の不平等を考える』2008年

厚生労働省「雇用均等基本調査」2019年

柏木恵子・若松素子「『親となる』ことによる人格発達」『発達心理学研究』5(1). 日本発達心理学会72-83、1994年

厚生労働省「平成28年度全国ひとり親世帯等調査結果報告」2016年

厚生労働省「平成30年 国民生活基礎調査の概況」2019年

厚生労働省「平成28年度全国ひとり親世帯等調査結果報告」2017年

厚生労働省「国民生活基礎調査」

内閣府男女共同参画局「男女間における暴力に関する調査 報告書」2018年

レノア・E・ウォーカー斎藤学監訳、穂積由利子訳『バタードウーマン』金剛出版、1997年

（大村海太）

第4章

保育の専門性と子育て支援

第**1**節 »»» 保育の専門性と法的根拠

▶ 1　保育士の役割

　児童福祉法第 18 条には「保育士とは、専門的知識及び技術をもって、児童の保育及び児童の保護者に対する保育に関する指導を行う」とあり、第 48 条の 4 には、地域の住民に対して情報提供や相談に応じる、などが明記されている。保育士には、子どもの保育、保護者への保育に関する指導、地域の子育て家庭への支援、の 3 つが求められている。

▶ 2　子どもの保育

　児童福祉法第 1 条には「児童の権利に関する条約の精神にのっとり」、また第 2 条には「児童の年齢及び発達の程度に応じて、その意見が尊重され、その最善の利益が優先して考慮され」とあり、子どもには受動的権利とともに能動的権利があることが示されている。現在の子どもの育つ環境を見ると、子ども同士の関わりや異年齢との遊び、安全な遊び場や自然との関わりなどが減少している。また、小学校に目を向けると、低学年のいじめが増加し、問題となっている。

　保育士は子どもにどのように育ってほしいと願い、どのように支援するのかが大切である。保育士は子どもの持つ力を信じ、人的環境として関わりながら成長や発達に応じて興味や関心を引き出し、自主性や自立心、挑戦する心や感動する心、他人を思いやる優しい気持ちなどを育ん

でいく。

▶ 3 保護者とともに行う保育の必要性

児童福祉法第2条には「児童の保護者は、児童を心身ともに健やかに育成することについて第一義的責任を負う。」「国及び地方公共団体は、児童の保護者とともに、…（略）…育成する責任を負う。」とある。

子どもの育成の第一義的な責任主体は保護者であるにもかかわらず、子育てに対する不安や負担感、孤立感を抱く人が増加しており、家庭養育力の低下が指摘されている。

子育てが苦痛な時間となり、気持ちの余裕がなくなることで、我が子に愛情を持って接することができなくなったり、子どもの発達をどう捉えれば良いか、一人で抱えてしまう親が増えているのが現状である。そのような中、地域において一番身近な専門職である保育士がどのように保護者に関わるかは子どもの育ちとともに、虐待予防としても重要となる。

子どもは多くの可能性を持ち、信頼関係を基にした情緒的な安心感や安定感に支えられ「自分は大切にされている」という感情を持つ。その感情は豊かな生活経験の積み重ねで生まれたものであり、自己肯定感を育むと同時に他者の気持ちを理解し、思いやる気持ちも生まれる。

こうした社会情緒的側面における育ちは、大人になってからの生活に影響を及ぼす。非認知能力（意欲－好奇心－基本的信頼感等の数値化できない能力）を十分に育むことが重要である。

家庭は、人間人格形成や教育の原点であり、出発点である。子どもにとって生まれて初めて出会うこの一番小さな社会集団が、人への基本的信頼感、やがて人間観や社会観も形成していく。

例えば、好きな絵本を読み聞かせてもらう経験から、愛されている自分を実感する。現代社会で、親がゆったりと子どもを抱く気持ちになれないのには、様々な理由が考えられるだろう。

第2節 >>> 家庭支援の専門的視点

▶ 1　ソーシャルワークの活用

　厚生労働省（2019）の統計によると児童相談所での児童虐待相談対応件数は、15万 9,850件（速報値）で、対前年比 119.5％（2万 6,072件の増加）であった。また、「子ども虐待による死亡事例等の検証結果等について（第15次報告）では、加害者の割合は実母が 55.1％と最も多いことが明らかとなっている。

　児童虐待の背景には、核家族化、少子化、地域の希薄化、貧困家庭、ひとり親家庭、ステップファミリー、DV、共働き、性別役割分業意識など社会的背景や要因が多様に挙げられ、複雑に絡み合う場合もある。虐待の芽を未然に防げるような視点を持つことは大切である。「子どもが言うことを聞かないのでイライラする」という相談には「そうなんですね」と共感を示しながら、様々な可能性を考えてみる。「言うことをきかない」のは自我の芽生えかもしれないし、保護者の育児に対する知識不足も考えられる。下の子が生まれて甘えたくても甘えられないなどの理由もあるかもしれない。そして「イライラする」のはなぜかをともに考える。家事、育児、仕事に追われて心身疲弊、不安定な就労などの経済的困難、社会からの孤立、配偶者が育児に協力的でないなども原因かもしれない。このように、保護者の相談内容も多様化・複雑化・多層化しており、状況に応じて迅速な対応が求められることもある。

　保育士が子育て支援を行う際は、親子の関係性や保護者の疲れなどにいち早く気づき、子育て家庭の孤立化、母親への子育ての重圧、家族の関係性など家庭全体をシステムとして捉えることも大切となる。

　家庭内の一つの課題が、子どもの成長や発達に大きな影響を及ぼす場合があるため、いっときの子どもの行動改善ではなくその解決を図るこ

とは重要である。子どもの権利を擁護するためにも、ソーシャルワークスキルを活用しながら、包括的視点を持って、保護者に支援をすることが必要である。

▶2 環境との相互作用

子育て負担や育児不安を抱える人は少なくない。具体的な生活上の課題から、周囲の支えを必要としている保護者の増加には、その背景となる社会的要因や課題があることを理解し、広い視野をもって課題への関与が必要となる。子どもの最善の利益を尊重し、アドボカシー（権利擁護や代弁）機能を生かしながら、子どもにとっての家庭の重要性を根底に、保護者への保育の指導を考え取り組んでいくのである。

▶3 個別性を重視した支援

人々のライフスタイルは多様化しており、保護者の働き方や暮らし方、地域環境など、家庭ごとにそれぞれ違いがある。似たようなケースに思える課題であっても、その背景は様々であり、経験則のみで判断せず、個々の課題に対応していくことが大切である。

親の「育児がたいへん」という言葉の中には、仕事、介護、経済状況、子育て経験が乏しい、多胎児、保護者自身の障害、協力や助言がないなど、多様な課題が隠されているのである。

保育士は、各家庭の実情を把握し、それぞれに応じた支援をすることが求められる。子ども一人ひとりの課題をアセスメントし、将来を見通した対応をしていかなければならない。

▶4 社会資源の活用・連携

園庭開放や延長保育などの保育所を通じた支援のみではなく、制度や地域支援内容を把握し、保護者同士が集える場や、一時預かりやショートステイなど、実態を踏まえた情報提供が必要となる。

　例えば、共働き家庭に対して、ワーク・ライフ・バランスの実現に向けての保育サービスやパパ・ママ育休プラス制度などの情報提供を行うなども 1 つである。

　地域の子育てサロンに行けば、3 歳児を対象にした絵本の読み聞かせや母親同士の交流もあり、公民館では赤ちゃん対象の離乳食講習会がある。子育て援助活動支援事業（ファミリー・サポート・センター事業）、子育て短期支援事業、一時預かり事業、延長保育事業、病児保育事業などの社会資源は、地域のどこに連絡をすれば支援を受けられるか、保育士はこれらの内容を知り、丁寧に情報提供するとともに、それらを保護者自らが選択できるように説明することも必要である。

▶5　自己決定の尊重

　不安感や負担感、イライラや無気力などを感じつつ、日々子どもと接している保護者も多く見られる。保育士は保護者と信頼関係（ラポール）を構築し、子どもを共に育てる中で、家庭の養育力を伸ばし親としての成長を支えていく。

　そのためには、保護者自身が自信を持って主体的に子育てを楽しみ、子どもの成長を愛おしいと思える環境や、大切な子どもを自分が育てているという意識をもてるようにすることが重要となる。

　保育士の関わりは、上から教えてあげるものでもなければ、保護者と友人関係になることでもない。保護者の主体性や自己決定を尊重した支援を行う。それが、保護者自身の成長を促し、家庭機能の向上に繋がるのである。

▶6　ストレングス視点とエンパワメント

　保育士は、日頃から保護者との間に話せる雰囲気を作り、保護者のできていない部分を責めるのではなく、頑張っているところを認め、受容しながら保護者自身の成長を促していく。

　ストレングス（潜在的な強みや能力）や、エンパワメント（潜在的能力を引き出し自らが問題解決できるように側面的に支援する）の視点で、保護者の主体性を促す支援は重要となる。

　自らの子育てや自分自身の頑張りに気付くことで、保護者自身が子育てを楽しみ、愛情を注ぐ子育てを経験し、自分で解決できた経験は、その後同じような課題にぶつかっても対処できる力となる。

　保育士との信頼関係を基にした互いの交流の中で、保護者とよりよい人間関係を築き、子どもの成長の喜びを共有することにより、保護者自身が子育てへの意欲や自信を膨らませ、新しい見方や課題に向き合う姿勢をもつことができるのである。

第3節 >>> 保育士の専門性と倫理

► 1　保育士の知識・技術と限界

　保育士は子どもに何かを教えるのではない。子どもの最善の利益を考え、保育の専門性を活用した子育ての知見を用いて、保護者と連携しながら子育て家庭を支えていく役割がある。

　保育士であるからこそできる子育て支援は、保育を通して子どもの育ちを保護者と共に喜び合うこと、子どもや保護者との関係性の中から、保護者自身の主体性や自己決定などの親育ちを促すことであるとも言える。そのためにも、観察力や判断力、行動力、人間力が求められ、子どもの身体面、情緒面や行動などきめ細かに観察し、保護者と子どもの関係にも気を配っていくことが求められるのである。

　しかし、保育士のみですべての支援ができるわけではない。保育士間の共通理解と協力体制を築き、専門職と連携をしながら、子どもの生活環境を整えていくことは、支援の基本である。

全国保育士会倫理綱領

全国保育士会倫理綱領

　すべての子どもは、豊かな愛情のなかで心身ともに健やかに育てられ、自ら伸びていく無限の可能性を持っています。

　私たちは、子どもが現在(いま)を幸せに生活し、未来(あす)を生きる力を育てる保育の仕事に誇りと責任をもって、自らの人間性と専門性の向上に努め、一人ひとりの子どもを心から尊重し、次のことを行います。

　　私たちは、子どもの育ちを支えます。
　　私たちは、保護者の子育てを支えます。
　　私たちは、子どもと子育てにやさしい社会をつくります。

（子どもの最善の利益の尊重）
1．私たちは、一人ひとりの子どもの最善の利益を第一に考え、保育を通してその福祉を積極的に増進するよう努めます。

（子どもの発達保障）
2．私たちは、養護と教育が一体となった保育を通して、一人ひとりの子どもが心身ともに健康、安全で情緒の安定した生活ができる環境を用意し、生きる喜びと力を育むことを基本として、その健やかな育ちを支えます。

（保護者との協力）
3．私たちは、子どもと保護者のおかれた状況や意向を受けとめ、保護者とより良い協力関係を築きながら、子どもの育ちや子育てを支えます。

（プライバシーの保護）
4．私たちは、一人ひとりのプライバシーを保護するため、保育を通して知り得た個人の情報や秘密を守ります。

（チームワークと自己評価）
5．私たちは、職場におけるチームワークや、関係する他の専門機関との連携を大切にします。
　　また、自らの行う保育について、常に子どもの視点に立って自己評価を行い、保育の質の向上を図ります。

（利用者の代弁）
6．私たちは、日々の保育や子育て支援の活動を通して子どものニーズを受けとめ、子どもの立場に立ってそれを代弁します。
　　また、子育てをしているすべての保護者のニーズを受けとめ、それを代弁していくことも重要な役割と考え、行動します。

（地域の子育て支援）
7．私たちは、地域の人々や関係機関とともに子育てを支援し、そのネットワークにより、地域で子どもを育てる環境づくりに努めます。

（専門職としての責務）
8．私たちは、研修や自己研鑽を通して、常に自らの人間性と専門性の向上に努め、専門職としての責務を果たします。

社会福祉法人　全国社会福祉協議会
　　　　　　　全 国 保 育 協 議 会
　　　　　　　全 国 保 育 士 会

► 2　保育士の倫理

　全国保育士会倫理綱領（P.39）は、子どもの育ちを支える、保護者の子育てを支える、子どもと子育てにやさしい社会をつくる３つの宣言と、子どもの最善の利益の尊重、子どもの発達保障、保護者との協力、プライバシーの保護、チームワークと自己評価、利用者の代弁、地域の子育て支援、専門職としての責務、の８つの理念を挙げている。

　保育士は、子どもの幸せのため、保護者の願いや意向を受け止めながら子どもの自ら伸びゆく力を支え、保護者が自ら行う子育てを支える専門職である。知識や技術はもちろん、自らの人間性における倫理観・人間観・子ども観を常に磨く努力を怠ってはならない。

【引用・参考文献】

厚生労働省「児童相談所での児童虐待の相談対応件数」2018年

谷田貝公昭・石橋哲也監修、高玉和子・千葉弘明編著『新版児童家庭福祉論』（コンパクト版保育者養成シリーズ）一藝社、2018年

（長瀬啓子）

第5章

保育施設における子育て家庭への支援

第1節 »»» 保育施設の機能・役割

► 1 保育施設とは

　この章で扱う保育施設とは「保育士資格を有する者が保育に従事している」ことを前提としており、具体的には、①認可保育所、②小規模保育事業（A型、一部のB型）、③事業所内保育事業、④企業主導型保育事業、⑤保育所型認定こども園、⑥幼保連携型認定こども園、⑦一部の地方裁量型認定こども園、⑧一部の認可外保育施設などである。

　この他、保育施設には「居宅訪問型保育事業」や「家庭的保育事業」などもあるが、職員が国家資格である保育士資格を有しないこともあるため、この章で扱う保育施設には含めていない。保育士資格保有者が勤務する場合には、この章の内容を参考にしてほしい。

　保育士資格が国家資格であることの重要性は、一定水準の保育スキルを有していることはもちろんだが、保育に関する知識の他、子どもの発達・発育、子ども集団における子どもの社会性、施設としての幼児教育への取り組み、保護者支援に関する理解が、保育士養成カリキュラム・保育士試験内容に反映されていることにある。つまり有資格者は上記のことの重要性を理解しており、園運営に必要な取り組みとして共通理解できていると言える。ちなみに保育士資格は「名称独占資格」であり、保育士資格を有しないものが「保育士」を名乗ることは法令違反となる（幼稚園教諭は業務独占資格）。

　子育て家庭への支援は、このように国家資格として認定され、高い専門性を持つ保育士や幼稚園教諭、保育教諭が取り組むことが必要であり、中でも保育士が従事している「保育施設」は公益性が高く、地域の子育て家庭への支援において中核的な存在となることが必要だといえる。

▶ 2　保育施設の役割

　2017 年 4 月から施行された保育所保育指針（以下「保育指針」と記す）において、「第 1 章 − 1 −(1)−ウ　保育所は、入所する子どもを保育するとともに、家庭や地域の様々な社会資源との連携を図りながら、入所する子どもの保護者に対する支援及び地域の子育て家庭に対する支援等を行う役割を担うものである。」とされている。

　保育所利用家庭の保護者は、就労と子育てで多忙な日々を過ごしている。中には子育てに不安を感じながらも相談できずにいる保護者や、自分自身も悩みを抱えている保護者もいる。何らかの悩みを抱えて解決したい場合は自ら専門機関などに行き相談するが、保育施設を利用している保護者の中には、自分から相談できない場合もある。そういった場合、保育士が悩みに気づいて話しかけることで相談に結びつくこともある。これは保護者と頻繁に顔を合わせる保育施設だからこそできることであろう。

　別の例では、保育所の園庭開放を利用している地域の子育て家庭との関わりが挙げられる。子育て経験のない保護者は、自分の子どもの発達が気になったり、今の子どもの年齢で何ができるのかがわからなかったりと不安を抱えていることが多い。そういう漠然とした不安を持つ保護者が、地域で園庭開放をしている保育所に遊びに来ると、保育所を利用している同じくらいの年齢の子の姿を見て「こんなこともできるのか」と自分の子どもとの違いに驚いたり、保育所のおもちゃや遊具で遊ぶ自分の子どもの姿を見て「こんな遊びが好きなんだ」と、遊びやおもちゃ選びのヒントを得たり、近所の公園での過ごし方の参考になることもある。これも集団保育を行う保育施設の持つ特性の一つといえるだろう。

　また保育施設の園庭開放は、同じ地域に住む子育て家庭同士を結びつける場にもなる。保育士が間に入り話しかけることで、関わりのなかった家庭同士が関わり、付き合いが始まることもある。孤立化やそれに伴う虐待、育児不安などの緩和や防止になることもある。

　園庭開放を利用する家庭にも保育所の保育士は気さくに話しかけることにより、そこから相談につながることもある。場合によっては、保育所にいる栄養士への相談につながることもあり、地域の子育て家庭にとっても保育施設の果たす役割は大きいといえるだろう。

▶ 3　保育施設の機能

　2015 年 4 月から本格施行となった「子ども・子育て支援新制度」によって、これまでの入所要件であった「保育に欠ける」状態が「保育を必要とする」ものに変わった。この変更によりこれまでの「保護者の就労」に加え「保護者の疾病・障害」や「DV・虐待の恐れ」「ひとり親世帯」なども保育を必要とするものとして重要視されることとなった。このような法令の改正により、保育施設の機能も変化してきている。

　前項で保育施設の役割を述べたが、通常保育以外の具体的な機能としては「保育所利用家庭の子育て支援」と「地域の子育て家庭の支援」が挙げられる。自治体によって異なるが、保育所に子育て支援センター（室）が併設されているところもあり子育て支援をしている。また、一時保育（預かり保育）も地域の子育て支援として設置されている保育所もある。

第2節 ▶▶▶ 様々な支援の場

▶ 1　様々な子育て支援事業

2015 年に開始された「子ども・子育て支援新制度」において、13 事

業からなる「地域子ども・子育て支援事業」を示した。①利用者支援事業、②地域子育て支援拠点事業、③妊婦健康診査、④乳児家庭全戸訪問事業、⑤養育支援訪問事業・子どもを守る地域ネットワーク機能強化事業（その他要保護児童等の支援に資する事業）、⑥子育て短期支援事業、⑦子育て援助活動支援事業（ファミリー・サポート・センター事業）、⑧一時預かり事業、⑨延長保育事業、⑩病児保育事業、⑪放課後児童健全育成事業（放課後児童クラブ）、⑫実費徴収に係る補足給付を行う事業、⑬多様な主体が本制度に参入することを促進するための事業、である

　前述した子育て支援センターは、児童福祉法における「地域子育て支援拠点事業」の一つである。1993年に始まった「保育所地域子育てモデル事業」から始まり、1995年「地域子育て支援センター事業」へ改称した。2007年にこれまであった「地域子育て支援センター事業」「つどいの広場事業」に児童館を加え「地域子育て支援拠点事業（ひろば型、センター型、児童館型）」となり、現在はひろば型とセンター型が一般型に、児童館型が連携型に再編されている。

　地域子育て支援拠点事業実施要項では、この事業の目的を「地域において子育て親子の交流等を促進する子育て支援拠点の設置を推進することにより、地域の子育て支援機能の充実を図り、子育ての不安感等を緩和し、子どもの健やかな育ちを支援すること」とされている。

▶ 2　地域子育て支援拠点事業の内容

　基本事業内容として、①子育て親子の交流の場の提供と交流の促進、②子育て等に関する相談・援助の実施、③地域の子育て関連情報の提供、④子育て及び子育て支援に関する講習等の実施となっている。開設場所は保育所が多いが、そのほかの児童福祉施設や公共施設にも設置が可能なため、市民センターへの設置や自治体が委託した社会福祉法人やNPO法人で設置することもある。

　他にも地域の実情や利用者のニーズにより、親子が集う場を常設する

ことが困難な地域にあっては、出張ひろばとして、近隣の公園で「この指とまれ方式」で参加者を募る形や公民館など地域の集会所などにもおもちゃなどを持ち込む方式も行われている。また、保健師と協働し、乳児検診の場に子育て支援センターの職員も出向き、検診の傍らで遊びの講座や保育士としての育児相談なども行う場合もある。

　一例として、宮城県仙台市では子育て支援センター（地域訪問機能あり）と子育て支援室（訪問機能なし）が市内の認可保育所に複数箇所設置されている。一日 6 時間、週 5 日間開かれており、専任の保育士が 2 名から 5 名程度配置されている。主な機能としては、上記の①〜④の他、訪問支援（保育士のみ、保健師と帯同）、一時保育（預かり保育）、地域の関係機関（公私保育所、幼稚園、小学校、児童館、保健師、民生委員、発達相談支援センターなど）の合同研修及び情報交換会開催などがある。①子育て親子の交流の場の提供と交流の促進、②子育て等に関する相談・援助の実施に関しては、保育所の園庭を親子の遊びの場として開放し（園庭開放）、専任の保育士が遊びながら関わり、育児の悩みを聞いたり、他の親子に悩みを投げかけるなどして関係を取り持ち、交流を勧めたり育児サークルの活動につなげることにも取り組んでいる。

　保育所以外では、幼稚園などでも子育て支援に取り組んでいるところがある。しかし、未就園児対象（翌年、翌々年に入園対象になる幼児）で次年度以降の入園を見越しての運営となっているところが多く、地域でも限定的な子育て支援となっている。保護者も、幼稚園や認定こども園（幼保連携型・幼稚園型等）の未就園児教室に登録・参加することで入園許可が優先的になることを見越して通っており、この章で取り上げている「子育て支援」と違う面もある。しかし「地域の子育て家庭の支援」とした場合、このような未就園児の獲得は「営利目的であり子育て支援ではない」と言い切ることはできない。そこに参加することで保護者に安心感がもたらされたり、子どもが楽しく過ごせる場となっているのであれば、それは既に子育て家庭の支援となっているといえるのではないだろうか。

第3節 »»» 保育サービス

▶1 保育サービスの種類

「保育サービス」とは、実際どのような施設や機能を指すのか、東京都の「保育サービス利用児童数の状況」（**図表 5-1**）を例に整理していく。

一部の都道府県や政令市では、認可保育所の規定に合致しない保育施設でも独自の基準を設定し運営補助を行っている。前述の東京都は認可保育所の規定には満たないものの、東京都独自の規定を満たす保育施設を「認証保育所」として、保育サービスに含んでいる。他の自治体では、神奈川県「認定保育施設（所謂神奈川型）」、横浜市「横浜保育室（所謂横浜型）」、さいたま市「ナーサリールーム」、仙台市「せんだい保育室」などがある。厚生労働省ではこのような取り組みを「地方単独保育施設」と呼んでいる。

東京都は保育サービスを、①認可保育所、②認証保育所、③ 認定こども園、④家庭的保育事業、⑤小規模保育事業、⑥事業所内保育事業、⑦居宅訪問型保育事業、⑧（一時保育）定期利用保育事業、⑨企業主導型保育、⑩区市町村単独施策、の 10 種類に分類している。

▶3 「専門性」と「気軽さ」の両立

保育施設が取り組む「子育て家庭への支援」は、今後も多様なニーズに対応して提供されることが社会的にも求められていくと考えられる。また保育士不足と同様に懸念されているのが「保育の質」である。子育て家庭への支援も高い専門性が求められるものであり、これは保育の質と言い換えられるものだろう。一方で、相談のしやすさと気軽さも保育施設が取り組む「子育て家庭への支援」と切り離せない大切な要素である。困ったことがあれば気軽に相談できる「敷居の低さ」「自分の気持

図表 5-1　東京都の保育サービス利用児童数の状況

区　分	利用児童数（人）（注1）											就学前児童人口（人）（b）（注3）	利用率（%）（a/b）
	認可保育所	認証保育所	認定こども園（注2）	家庭的保育事業	小規模保育事業	事業所内保育事業	居宅訪問型保育事業	定期利用保育事業	企業主導型保育	区市町村単独施策等	合　計（a）		
平成25年4月	193,150	21,796	2,915	2,027				817		2,629	223,334	619,557	36.0%
平成26年4月	202,008	22,608	3,304	2,394	676			932		2,989	234,911	625,347	37.6%
前年からの増	8,858	812	389	367	676			115		360	11,577	5,790	1.6%
平成27年4月	213,259	21,616	3,289	1,847	2,943	96	6	711		3,746	247,513	630,419	39.3%
前年からの増	11,251	△ 992	△ 15	△ 547	2,267	96	6	△ 221		757	12,602	5,072	1.7%
平成28年4月	225,334	20,402	4,296	1,945	4,496	256	15	799		4,162	261,705	637,329	41.1%
前年からの増	12,075	△ 1,214	1,007	98	1,553	160	9	88		416	14,192	6,910	1.8%
平成29年4月	239,709	19,169	5,331	1,902	6,132	420	75	955	69	3,946	277,708	640,273	43.4%
前年からの増	14,375	△ 1,233	1,035	△ 43	1,636	164	60	156	69	△ 216	16,003	2,944	2.3%
平成30年4月	254,484	17,890	5,822	1,669	7,338	684	126	1,285	348	4,121	293,767	641,920	45.8%
前年からの増	14,775	△ 1,279	491	△ 233	1,206	264	51	330	279	175	16,059	1,647	2.4%
平成31年4月	269,627	16,218	6,269	1,640	7,619	752	160	1,201	727	4,963	309,176	641,341	48.2%
前年からの増	15,143	△ 1,672	447	△ 29	281	68	34	△ 84	379	842	15,409	△ 579	2.4%

出典：東京都福祉保健局、2019 年

ちをわかってくれる」という安心感がある雰囲気も保育施設として大切にしていきたいところである。保育士は「子どもと遊ぶことが仕事」と思われがちだが、その実「子どもの発達を専門的に捉え計画に基づいた支援をする」「保育施設を利用している家庭や地域の子育て家庭の支援」をする高い専門性が必要であることを保育士自身が強く自覚し、これから更に保育の質の向上に取り組んでいくことが求められていくのである。

【引用・参考文献】

厚生労働省「保育所保育指針」（平成29年告示）

厚生労働省「地域子育て支援拠点事業　実施のご案内」〈https://www.mhlw.go.jp/bunya/kodomo/pdf/gaido.pdf〉〈2019.9.8最終アクセス〉

内閣府「子ども・子育て支援新制度説明会資料3−1」〈https://www8.cao.go.jp/shoushi/shinseido/administer/setsumeikai/h270123/pdf/s3-1.pdf〉（2019.9.8最終アクセス）

東京都福祉保健局「東京都の保育サービス利用児童数の状況」〈http://www.metro.tokyo.jp/tosei/nodohappyo/press/2019/07/29/documents/05_01.pdf〉（2019.12.20最終アクセス）

「子どもを取り巻く環境の変化を踏まえた今後の 幼児教育の在り方について（中教審答申）」〈https://www.wam.go.jp/wamappl/bb16GS70.nsf/0/c5b6447291ccb03b492572d70021894c/$FILE/20070510_1sankou2-1~3.pdf〉（2019.9.8最終アクセス）

（松好伸一）

第6章

保護者の養育力向上への支援

第1節 »»» 親の育ちを支える

► 1 父親・母親になる

（1）親になるプロセス

　親になるということは、子どもをもつことで男性は父親となり、女性は母親となる。社会的地位付与を受け、親として振舞うことを期待される。また、自分自身も親であることを自覚する。

　「育児は育自」と記されるように、子どもを育てながら自分自身も育つ、と言われている。子どもと家庭生活の中で親も成長していくのである。そして家庭内に新たな人間関係が作り出される。夫婦のみの二者関係から子どもが加わる三者関係に移行していく。さらに、この人間関係の変化は外部との関係も変化させる。親と親の家族や親族の関係、親と職場の関係、親と友人の関係、親と地域の関係等である。このように、子どもが生まれるということは生物的な出来事だけでなく、社会的な出来事なのである。

　子どもが生まれることは、家庭にも大きな変化をもたらす。今までの生活が大きく変化し、大人が予測、行動できていた以上の想像を超えるような状況、予測不可能で即対応しなければならない状況に置かれることとなる。子どもにとって良い親になろうとするが実際の子育ては、想像以上にうまくはいかないものである。生産性や効率、正確性を求められる価値観とは異なる。初めて親になる親は親歴０年なのであり、最初

から子どもをうまく育てることなど難しいものである。

　子どもを産めば親になるわけではなく、親は親として子どもの成長と共に親も成長していくあゆみがある。

(2) 子どもと共に育ちあう

　子育て家庭をとりまく環境が変化してきたことや、親自身が育つ環境や乳幼児と関わる経験が少ないため、子どもとの関わりがうまくできず悩む親も増えてきている。親としての役割を期待され、適切な子育てとは何か、どのように振る舞えば良いのか模索し、精一杯対応しようとする。保育士は親の子育ての不安を軽減し、自信を持って子育てができるように、子育てに必要な知識や技術を提供する。子どもと共に親も育つ支援である。それには親子関係を育てるという視点をもつことが重要である。

(3) 地域社会の一員になる

　子育て家庭は時に限られた人間関係の中で閉塞感を抱くこともあるが、子育て仲間を発見し、社会資源とつながる機会をもつことで地域の一員としての家庭を再認識する。そのことは、家庭が地域の中で孤立に陥ることを防ぐ。親の育ちのためには地域社会全体で支え合うことが重要である。

第2節 »»» 人としての育ちの基礎を支える「子育て支援」

▶ 1　子育て支援施策

　2018年4月1日施行の保育所保育指針、幼稚園教育要領、幼保連携型認定こども園教育・保育要領では各園における子育て支援について以下のように明記されている。

(1) 保育所保育指針

第4章　子育て支援

　保育所における保護者に対する子育て支援は、すべての子どもの健やかな育ちを実現することができるよう、第1章及び第2章等の関連する事項を踏まえ、子どもの育ちを家庭と連携して支援していくとともに、保護者及び地域が有する子育てを自ら実践する力の向上に資するよう、次の事項に留意するものとする。

(2) 幼保連携型認定こども園教育・保育要領

第4章　子育て支援　第1節子育て支援の取組

　幼保連携型認定こども園における保護者に対する子育て支援は、子どもの利益を最優先して行うものとし、第1章及び第2章等の関連する事項を踏まえ、子どもの育ちを家庭と連携して支援していくとともに、保護者及び地域が有する子育てを自ら実践する力の向上に資するよう、次の事項に留意するものとする。

(3) 幼稚園教育要領

第3章　教育課程に係る教育時間の終了後等に行う教育活動などの留意事項

2. 子育ての支援

　幼稚園の運営にあたっては、子育て支援のために保護者や地域の人々に機能や施設を開放して園内体制の整備や関係機関との連携及び協力に配慮しつつ、幼児期の教育に関する相談に応じたり、情報を提供したり、幼児と保護者との登園を受け入れたり、保護者同士の交流の機会を提供したりするなど、幼稚園と家庭が一体となって幼児と関わる取組を進め、地域における幼児期の教育のセンターとしての役割を果たすよう努めるものとする。その際、心理や保健の専門家、地域の子育て経験者等と連携・協働しながら取り組むよう配慮するものとする。

　保育所や認定こども園、幼稚園だけでなく、子育て支援は地域社会の関わり方が重要になる。社会を構成している人間全員が子育て支援のメンバーでもある。国民全員に努力義務が求められていることが少子化社会対策基本法に以下のように明記されている。

（4）少子化社会対策基本法

第一章総則

第6条（国民の責務）

　国民の責務として、国民は、家庭や子育てに夢を持ち、かつ、安心して子どもを生み育てることができる社会の実現に資するよう努めるものとする。

　上記に提示した保育所保育指針、幼稚園教育要領、少子化社会対策基本法に記されている子育て支援は、子どもの育ちと親の育ち、親子関係、社会で子育てという視点である。親が親となるプロセスを支援し、より良い親子関係が育まれることを社会全体で見守ることは保育所の社会的責任でもあるといえる。

第3節 》》》 親の力をエンパワメントする

► 1　保育所における保護者の養育力向上

（1）専門職員という人的環境の支援

　保育所には保育士だけでなく、看護師、栄養士、調理員など職種の異なる専門職の人々がいる。様々な職種の人々が日常的に連携し適切な保育環境を作っている。子どもの健やかな発達を支える専門性をもった保育所における専門家たちは、子どもを預ける保護者にとって頼りになる。子どもをとりまく人的環境としての役割は大きい。心強い重要な存在で

ある。

（2）保護者を繋げる機会

　すべての保護者への直接的な支援に加え、安心できる環境づくりといった環境による間接的な支援がある。保護者が子育てに必要な情報や体験を得ながら、人との関わりの中で自然と親として成長する機会を提供する。父母の会ルーム、貸出本コーナー、ランチルーム、カフェテリアなど、保護者活動が活発になり、関わりが豊かになるような環境構成を行う。共感し励ましあいながら、温かな人間関係の中で子どもの成長を共に喜ぶ機会を設けることは、保護者の養育力を引き出す。また、夏祭り、バザー、遊具製作、読み聞かせ、懇親会など保護者が保育士と共に子どもの成長のために活躍できる機会を設けることによって保護者同士を繋げ、母親の力・父親の力を意識化して発揮させることで親の養育力の向上に繋げる。園は保護者同士の交流の機会を提供するコミュニケーションの場としての機能のみならず、地域開放を行うことによって社会的子育ての場としての役割を果たす。

（3）保育参観・参加

　保育参観・保育参加は園の保育と子どもの様子を知ることができ、年齢や月齢の近い子どもの発達や個人差について理解を深める機会になる。園に提示されるその日の活動や出来事、子どもたちの様子がわかるように工夫された保護者へのメッセージは園の様子が伝わると同時に、時々しか来園することのできない保護者や祖父母にも日頃の子どもの様子を伝え、子どもの成長を共に喜ぶ機会としての役割もある。

（4）保護者と共に

　保育所保育指針総則には、「家庭との緊密な連携の下に」保育を行うと記されている。保育の専門家である保育士と、保護者が子どもの情報を持ち寄り、互いに子どもの成長を支え、共に喜び合うという姿勢が大切である。保育所の日常では、送迎時に行う保護者への声かけや、連絡帳・通信でかわされる応答、励まし、相談や助言など保護者の養育行為

に直接的援助を行うことで保護者の子育てを支える。その際、保護者の親としての立場を尊重し、親としての力を認め、自信につながる支援を心がける必要がある。

▶ 2 社会における保護者の養育力向上

（1）地域における保護者支援

地域子育て支援拠点事業では、親子同士の交流による情報交換会、専門家講師による学習機会が提供されている。また地域の子育て情報が提供されている。親子を主体とする支援の場である。子育て中の親子のみならず地域の様々な人たちが集う場である。地域の人々との交流によって、子育て見守りの輪を作り、生活の知恵や育児法、子育てに関わる日本の伝統文化などが伝達される。地域に見守られて育つ子どもは地域を大切にし、親は養育力の向上と共に地域の一員の視点で相互扶助に貢献していくであろう。地域における保護者支援は家庭及び地域社会の育成となる。

（2）親の在り方を学ぶ機会（プレ・パパママ学級、両親学級等）

保健所などでは、これから父親になる、母親になる人を対象にプレパパ、プレママ講座、親になるための準備講座、また子育て中の親を対象に、親としての在り方を学ぶ両親学級などの講座がある。国は出産後において保健師による家庭訪問を含め、2007 年から乳児家庭全戸訪問事業（こんにちは赤ちゃん事業）を法制化し、実施している。子どもの発達・発育相談を中心に子育て情報を提供し、親たちの養育力を引き出す支援を行っている。また、「父親手帳」を発行配布し、父親の育児参加を啓発、促進するために父親の在り方を学ぶ機会を設けている自治体もある。

（3）親の在り方を学ぶ機会（NPO 等）

ファザーリング・ジャパンをはじめ様々な NPO が父親の育児参加の啓発活動を行っている。多胎児をもつ親の集まりなどの自助グループは、

共通の悩みや喜びを分かち合う仲間になる。親同士のピアグループが構成され、心理的相互援助となる。また NPO 等、子育て支援活動を支援する財団法人や企業による社会貢献 CSR 活動が子育て関連の情報を発信したり、行政と連携を取りながら親の養育力を高める支援等を担っている。

(4) ノーバディズ・パーフェクト・プログラムと親業訓練

カナダの「ノーバディズ・パーフェクト（NP）・プログラム」は、乳幼児をもつ親の学習プログラムである。ファシリテーターを介して親同士のピアグループが作られ、親同士がつながり、コミュニティの一員として支えあっていく。コミュニティ・デイベロップメントを考慮した予防的な役割である。「親業訓練」は、米国の臨床心理学者トマス・ゴードンが開発したコミュニケーションプログラムである。親としての役割を効果的に果たすための訓練としてカウンセリング、学習・発達心理学、教育学など、いわゆる行動科学の研究成果を基に学習機会を提供している。

(5) ペアレンティング（養育技術を学ぶ機会）

子育てで積極的に親業を引き受けるために、親と子どもの支援のために開発されたプログラムであるペアレント・トレーニングは「してほしくない行動」や「してほしい行動」といった子どもの行動に焦点をあて、具体的にどのような対応ができるかを学習していくプログラムである。上記の他、ペアレンティングのプログラムは特別なニーズを必要とする親支援など、様々な養育技術を学ぶ機会があり、親の育ちを支えている。

(6) 社会的資源との連携

共働き家庭が増え、ひとり親、外国籍家庭も増加している現代、近年多様化した家族に対して様々な支援が求められている。保育所のみならず社会全体で保護者が必要とする社会資源を活用しながら、保護者の養育力の向上を援助し、見守るまなざしが大切であろう。

【引用・参考文献】

厚生労働省『保育所保育指針』文部科学省『幼稚園教育要領』　内閣府『幼保連携型認
　　定こども園教育・保育要領』フレーベル館、2017年

松本園子・永田陽子・福川須美・堀口美智子『家庭支援論　第3版』ななみ書房、
　　2018年

長島和代・石丸るみ・前原寛・鈴木彬子・山内陽子『日常の保育を基盤とした子育て
　　支援』萌文書林、2018年

トマス・ゴードン著 近藤千恵 訳『親業（PET）』大和書房、1998年

谷田貝公昭・石橋哲也監修、中野由美子・佐藤純子編著『新版家庭支援論』（コンパク
　　ト出版保育者養成シリーズ）一藝社、2018年

前川洋子『こども家庭支援論』豊岡短期大学通信教育部、2019年

（前川洋子）

第7章
支援における保育士の基本的態度

第1節 »»» 基本的姿勢

▶ 1 価値、知識、技術

　保育所保育指針において保育所における保育士の役割について、以下のように記述されている。

　保育所における保育士は、児童福祉法第18条の4の規定を踏まえ、保育所の役割及び機能が適切に発揮されるように、倫理観に裏付けられた専門的知識、技術及び判断をもって、子どもを保育するとともに、子どもの保護者に対する保育に関する指導を行うものであり、その職責を遂行するための専門性の向上に絶えず努めなければならない（「保育所保育指針」1（1）エ）。

　上記の通り、この「倫理観に裏付けられた専門的知識、技術及び判断」は保育においてもちろんだが、保護者に対する支援においても重要な姿勢となる。保育士は子どもの養育に関する専門職であり、その専門性は子育てに困っている保護者の不安に応えることができるからである。ただし、保護者への支援において必要となる専門性は保育の専門性とは異なる。そこで必要となるのは、倫理観に裏付けられた相談援助の専門的知識、技術及び判断となる。次に挙げるバイスティックの7原則は相談援助の基本的な姿勢として保育士が活用しやすい。

▶ 2 バイステックの7原則

(1) 個別化の原則

1つとして同じ事例はないという意味である。長年保育士をしていれば、子どもや保護者、地域から、似たような主訴を持つ相談を受けることもある。このときに「……だから、〜の対処をしておけばよい」と、相談内容をパターン化して考えてしまうことがある。ある意味、その対処は、経験値が蓄積されたからこそできるという、前向きな評価もできるかもしれない。しかし、クライエントにとっては、自身の人生で初めて起こったニーズかもしれない。クライエントを取り巻く様々な事柄が影響し合いながら発生するというエコロジカルな視点に立ちアセスメントをすれば、1つと同じケースはないのである。画一的に対応してはならないのである。

(2) 意図的な感情表出の原則

クライエントが自由に感情表現をすることを大切にすることである。適切な相談援助は、クライエントの思いを充分に話してもらい、保育士はその思いを受容することである。言語的・非言語的コミュニケーションを用いて、自由に感情表現をしてもらうことが求められる。

(3) 統制された情緒的関与の原則

クライエントが感情表現をするときに、クライエントの感情に保育士が影響を受けないように、自己の感情をコントロールすることである。例えば、保育士自身が、被虐待児だったとする。この保育士に虐待の相談が持ち込まれたらどうなるだろうか。保育士が、一方的にクライエントを非難したりはしないだろうか。確かに、虐待という行為は許されるものではない。しかし、保育士という立場で相談支援を行っているからには、自己覚知をし、専門職としてクライエントと向き合わなくてはならない。そのためにまずは、保育士自身の感情や価値観を見つめ、知っておかなくてはならない。

（4）受容の原則

クライエントを受け止めるという意味である。しかし、受容とは、言葉で言うほど簡単なことではない。受容するためには、自己の感情をコントロールしながら、クライエントの問題や思いを理解していくことが求められる。特に、ひとりの人間としても、また、経験の浅い保育士ならば、クライエントの感情が、感覚的に理解できないことも起こりえる。

（5）非審判的態度の原則

保育士は善悪の判断をしないという意味である。先ほどの虐待の例などは、一方的にクライエントを非難することにつながりやすい。そうではなく、事実についての善悪の判断を行うのはクライエント自身である。保育士は、クライエント自らが問題解決に向け意欲が湧くように支えていくことが求められる。

（6）自己決定の原則

クライエントに関わることはクライエント自身が決め、保育士はその決定を尊重するという意味である。そのために保育士は、情報提供を行ったり、クライエントの心身を支えていくことが求められる。

（7）秘密保持の原則

相談支援で知りえた情報は外部に漏らさない。また、秘密を守る行為を通じ、クライエントとの信頼関係を作り上げるという意味である。

同様の趣旨は、日本保育士会倫理綱領にも、「プライバシーの保護」で謳われている。

第2節 »»» 相談援助の過程

▶1　誰に、どこまで、何を支援するのか

支援の対象者は、子ども、子どもの保護者、子どもの家族、地域住民、

関係機関等である。保育士が行う相談支援は、①対象者のニーズ把握、②自身が所属している組織そのニーズを解決できるかどうか、③解決できる場合は具体的介入方法、④解決できない場合は解決できる社会資源につなぐことである。これらの相談支援を行う際には、ソーシャルワークの知見を活用しながら行っていく。

▶ 2　支援のはじまり

　子どもの日常的なケアを主たる業務にしている保育士にとって、支援のきっかけは様々な場面に存在する。例えば、日常の保育の中で子どもから相談を受けることもあるし、登園や降園の際に保護者から相談を受けることもある。さらには、突然、地域住民から相談を持ち込まれることもある。上記のようにクライエントから相談が持ち込まれる場合もあれば、保育士側からニーズを発見し、クライエントに関わり始めることもある。常に保育士は、ニーズの発見に努めることが求められる。保育士は、子どもへの保育を通じ、子どもや保護者との間で良好な信頼関係を形成していかなくてはならない。また、地域に対し興味や関心をもち、ニーズをキャッチする感度の良いアンテナを持つ必要がある。

第3節 »»» 基本的技術

▶ 1　相談援助

　相談援助は対象等によって様々なものがある。保育士が支援において用いることが多いものとしては、ケースワーク（個別援助技術）、グループワーク（集団援助技術）がある。

　ケースワークは主に個人を対象として行われる支援の取り組みであり、保育所では子育てや家庭内の問題に悩んだり不安を感じたりする保護者

などが対象になることが多いだろう。保育士は保護者の悩みについて、保護者個人の問題として捉えるのではなく、保護者と環境との関係性の問題と捉え、相談に乗る。子育ての悩みであれば、保育士の保育の知識や技術で解決することもあるが、そうでない場合には他の専門職または専門機関につなぐなどの対応が必要になる場合がある。

　グループワークは支援対象を同じような課題を持つ集団とする。保育所では保護者集団を対象に行われることが多いかもしれない。

　グループワークはグループダイナミックスを活用し、グループを構成する一人ひとり（メンバーという）の、相互の関係性の動きや相互の影響を与えながら問題の解決につなげていく。例えば、一人では挫折してしまうのも、皆で励まし合いながら行うと、みんなで苦しみや悲しみを共有し合い、苦しいのは自分一人ではないという気づきを得ることができる。グループダイナミックスの動きや力を活用しながら支援をした方が効果的であると判断した場合、グループワークでの支援となる。

▶2　その他の技法

　保育や相談援助の基盤となる技法をを 2 つ示しておく。1 つめは、コミュニケーション技法である。コミュニケーションには、ノンバーバル（非言語）とバーバル（言語的）のコミュニケーションがある。相談支援は、このコミュニケーション技法を駆使して支援が行われる。受容や共感することも、コミュニケーションの 1 つである。2 つめは、記録である。近年、エビデンスに基づく相談支援、相談支援の評価方法、チームによる相談支援の重要性が指摘されている。そのためには、記録の質が問われる。文章力、マッピング技法等といった記録技法の向上が求められる。

第4節 »»» 保育士が行う相談援助の強み

► 1 保育士の相談援助の特徴

　保育士の行う相談援助の最も大きな特徴は、日常の保育の延長にあることである。日常の保育でニーズを発見し、日常の保育のためにニーズを解決することが多くなる。信頼関係も、相談援助を開始してから構築されるものではなく、日常の保育を通じ、子ども自身や保護者への信頼関係が構築されていく。信頼関係が構築できていない保育士には、クライエントは相談には来ない。

► 2 専門性を活かした相談援助

(1) 保育所における事例

　Aさんは夫とB君（0歳11か月、男児）との3人暮らしである。夫婦ともにフルタイムで働いており、保育所を利用している。近所に祖父母や頼れる知り合いはなく、子育てに関して困ったことがあるときには、育児書やインターネットの情報を探し集めて解決していた。

　ある日、お迎えの際にB君と同じ月齢の子どもがスタスタと歩いている様子を見て、Aさんは突然不安になった。B君はまだ歩くどころか「はいはい」をし始めたばかりで、つかまり立ちもできない。発達・発育には個人差があることはインターネットの情報で知っていたが、B君に何らかの障害があるのではないかと考えた。

　そこで、その場で担当の保育士にB君の発達・発育状況が正常なのかどうか質問した。すると、保育士は落ち着いた口調で「少しゆっくりかもしれませんが、この時期につかまり立ちができない子どもは多くいます。正常な発達の範囲内ですよ」と答えた。また「もしご心配でしたら、専門のお医者さんを紹介しますよ」と加えた。育児書やインター

ネットの情報などを見て、なんとなく知っていた情報だったが、B 君を
直接保育している保育士にそう言ってもらえたことで A さんは安心し
た。

　これを機に A さんは B 君に対して気になることがあると、送迎時に
気軽に保育士に質問するようになった。保育士は質問のたびに丁寧に子
どもの発達等について説明した。質問内容によっては保育所を利用する
他の母親を紹介し、子育ての体験談を聞く機会を設けてくれている。

(2) 保育の専門性

　保育士は、子どもに対する知識や技術、子育てに対する知識や技術を
持っていることが最大の強みである。保育士はそれらの知識や技術を最
大限活用して相談援助をすることが求められる。個人としては未熟で
あったとしても、保育士の所属する組織には、より経験のある保育士や
他職種も在籍している。それらの人材の知見を活用しながら、チームと
して相談援助ができることも強みである。

▶ 3　ソーシャルワークの知見を活用する意義

　保育士の日常としては、保育士と子ども、保育士と保護者、保育士と
子どもと保護者という関係性で、具体的かつ直接的な支援が行われるこ
とが多い。しかし、子どもや保護者が抱えるニーズには、この二者や三
者関係の中で生まれるとは限らない。それ以外の様々な人や子どもや保
護者を取り巻く環境から影響を受けニーズが発生する場合もある。この
ような、エコロジカル視点というソーシャルワークの視点を活用するこ
とも、保育士の相談援助を円滑にさせる。また、保育士、社会福祉士、
精神保健福祉士、介護福祉士は、共に社会福祉の国家資格である。それ
ら専門家の独自性を尊重しながらも、同じ社会福祉専門職としての共通
基盤を活用した相談支援を行うことが求められている。

【引用・参考文献】

伊藤嘉余子『子どもと社会の未来を拓く相談援助』青踏社、2013年

F. P. バイステック著、尾崎新・福田俊子・原田和幸訳『ケースワークの原則（新訳版）』誠信書房、1996年

髙井由起子編著『子どもと家族をアシストする相談援助』保育出版社、2017年

中嶌洋・園川緑編著、井上美和・大賀有記・土永葉子『保育・社会福祉学生のための相談援助演習入門』萌文書房、2015年

谷田貝公昭・石橋哲成監修、髙玉和子・大野地平編著『新版相談援助』（コンパクト版保育者養成シリーズ）一藝社、2018年

（橋本好広）

第 8 章

子育て家庭の抱える課題への理解と支援

第**1**節 »»» 子育ての不安・悩み

► 1　意識調査

（1）家庭

　人はどのようなときでも幸せを願っている。その思いの深さは接する人、自分のどちらに向くかによって変わってくるが、自分の意と違う状況に直面したときは心に摩擦が生じる。そして自己コントロールできない心理状態になると、手が届く距離にある対象物や人に思いをぶつけることとなる。子育て家庭においては親の意識によって子どもの成長に影響を及ぼすことがある。保育士として子どもだけでなく保護者の変化に気づくことも大切である。

　内閣府の「家族と地域における子育てに関する意識調査報告書（2014年）」によれば、家族の役割として重要なことは「生活面でお互いに協力し助け合う」との回答が51.0％で最も高く、次いで「夫または妻との愛情をはぐくむ」（38.4％）、「子どもを生み、育てる」（36.0％）であった。男女差が10ポイント以上の項目は「経済的に支え合う」（男41.4％、女27.9％）、「喜びや苦労を分かち合う」（男26.6％、女39.0％）であり、それぞれの項目は男女とも3位の内容であった。経済的な面を除外すれば気持ちを重視した内容を多く求めていることがわかる。また、「国民生活に関する世論調査（2018年）」では、家庭がどのような意味を持っているかという質問（5,969人）に「家族の団らんの場」と答えた人の割合が

64.9%、次いで「休息・安らぎの場」(64.4%) であった。その他「家族の絆を強める場」(54.3%)、「親子が共に成長する場」(39.3%) の順であった。この結果から「家庭」を安らぎの場、親子が共に成長する場として捉えている点に注目しておこう。

(2) 子育ての不安要素

　厚生労働省の 2014 年「結婚・家族形成に関する意識調査」によれば、未婚・既婚・性別すべてにおいて子育ての不安要素として最も高かったのは「経済的にやっていけるか」(63.9%) で、次いで既婚の子育て家庭では「仕事をしながら子育てすることが難しそう」(42.1%)、「きちんとした子どもに育てられるか自信がない」(39.4%) であった。1997 年以降、共働き世帯数が片働き世帯数を上回り (労働力調査、2017 年)、育児不安の程度が高い母ほど出産意欲が低く子どもの数が少なくなり (全国私立保育園連盟、2006 年)、夫の家事・育児負担度が高いほど妻の出産意欲が高いという結果が報告された (厚生労働省、2012 年)。さらに厚生労働省の 2015 年「人口減少社会に関する意識調査」では「子育てをしていて負担・不安に思うこと」に関して 0 〜 15 歳の子どもが 1 人以上いる人 (626 人) で「どちらかといえばある」が 43.6%、「とてもある」(28.8%) で 7 割以上の人が負担・不安に感じていることが分かった (**図表8-1**)。また、具体的な負担・不安の内容は「子育ての出費がかさむ」が 46.2%、次いで「将来予想される子どもにかかる経済的負担」(40.8%)、「子ども

図表 8-1　子育てをしていて負担・不安に思うこと

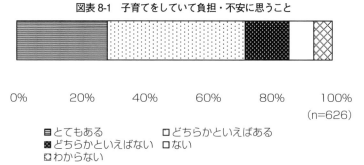

(n=626)

■ とてもある　　□ どちらかといえばある
▩ どちらかといえばない　□ ない
▨ わからない

出典：平成 27 年版厚生労働白書

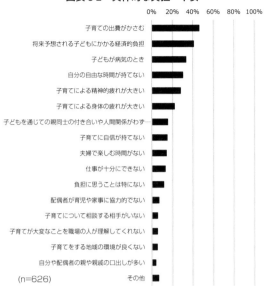

図表 8-2　具体的な負担・不安

出典：平成 27 年厚生労働省「人口減少社会に関する意識調査」報告書、2015 年

が病気のとき」（33.3%）であった（**図表 8-2**）。

▶ 2　子育ての不安・悩み

　子育ての不安要素は経済面が 1 位だったが、2 位はきちんと育てられるかという点だった。別の調査では、乳幼児期の子育て不安・悩みは、子どものしつけに関することが約 6 割、性格や癖については約 5 割と人格形成に関しての不安がみられた（厚生労働省、2014 年）。挨拶や御礼がきちんと言えるだろうか、友達づきあいが良好か、目上の方への言葉遣いは適当かなど、心配な点を挙げれば尽きないかもしれない。それらの不安を払拭するには、保育士と保護者の連携が大切になる。

　保育士ができる子育て家庭支援は、保護者の話を傾聴することだろう。挨拶や御礼ができているかなど具体的な不安要素が分かれば、園での観察を通して保護者に様子を伝えることができる。このように話をしてくれる保護者には迅速な対応できるが、現在は様々な家庭形態があり、保

護者の人物相関が分かりづらいケースがある。家庭内の知られたくない状況に土足で踏み込むようなことは禁物である。自己開示しづらい保護者には、毎日の送迎時で交わす言葉から変化を察知し、健やかな家庭生活の実現に向けた支援を目指したい。また保護者とのラポールを形成するために、保育士は保護者のニーズを理解した相応の援助が絶妙なタイミングで行われるように優しく温かく、そして少しずつ接していけるとよい。

　相談の機会を設けることができたら、保育士は保護者のいかなる話も受容し、表情や言葉から導かれる心情を記録しておこう。保護者が発した言葉を活字にすることで、わが子に対するそのときの心理変化を客観視できるだろう。気持ちが落ち着いてきたら、子どもとの関わりを改善する方法を保育士が一緒に考えていけばよい。

　もし子どもの様子から虐待が疑われる場合を発見したら、早急な対応が必要である。多くの親が「しつけ」と位置づけ虐待という認識を持っていないため、保育士は婉曲に話をしながら核心に近づくのがよいだろう。そこで大切なのは、子どもや保護者と関わりを維持していくことだ。疑わしい状況だと判断したら、それ以降の保護者や子どもの言動をできる限り忠実に記録すること、その資料をもとに社会資源との連携を継続しながら子どもの生命を保持する方法を模索する。子どもの生命のためにも家庭とのつながりを途絶えないように接していくことが大事だ。

　「子どもに対するあなたの行為は、あなた自身の心も傷つけているのだ」と気づく日まで可能な限りでサポートしたいものである。

第2節 ≫≫ 子どもの発達課題

▶ 1　環境と遺伝の相互作用

乳児期は脳の発達に伴い運動発達と反射の発達的変化が著しくなる。

子どもの発達は運動機能の発達と言語や社会性の発達に注目してみると
よいが、原始反射が長期継続したり半年過ぎても目が合わなかったりす
るなど臨界期に異常がみられたら、早期の対応が必要となる。発達過程
には個人差があるため、専門医等に相談するのが良いであろう。

　検査結果でいきなり「お子さんは特別な支援を必要とする状態です」
と告知されても保護者はすぐに現実を受け止められない。早期の対応は
子どもの将来にとってメリットであるが、保育士は受容過程に留意し保
護者の気持ちを優先しながら無理せず寄り添うのがよい。

　発達は環境と遺伝の相互作用で成り立つ。環境は家族、地域、文化の
関わりが影響するが、心の発達においては家族との愛着形成が重要とな
る。安定した愛着形成が築けなかった場合は、大人になって人間関係が
何となくうまくいかないと感じ、社会適応が困難になる場合もある。離
婚、死別などの予期せぬ家庭環境の変化で喪失感や貧困を招いてしまっ
た場合、また、ステップファミリーで上手く家族に馴染めない場合など
では、子どもの安心を優先した対応をとらねばならない。保育士の観察
が小さな変化を早期発見し、保育士と家族、社会資源との連携に繋がる
こともある。その関わりで子どもと親と相互作用を高め、子ども自らが
将来を冷静に見据えた行動を起こせるように導きたい。

▶ 2　子どもの貧困率

　家族の経済事情に伴う親の心理変化は養育行動を不安定にさせ、子ど
もの健康な心身の発達に影響を及ぼしかねない。親が生活を維持するた
めに働き続けた結果、親子の時間は失われ、子どもは孤食の日々を送る
事例がある。また家族の会話が極度に少ない場合は、言語発達の遅れが
生じることがあり、食事のバランスが悪くなると栄養失調を引き起こす
可能性もある。

　そのような貧困の対策を総合的に推進するため、「子どもの貧困対策
の推進に関する法律」が 2014 年に施行された。日本の子どもの貧困率

は 1980 年代から上昇傾向にあり、現在では 7 人に 1 人が貧困状態にあるとされる。この場合の貧困とは教育や体験の機会が乏しく、社会の様々な面で不利な状況に置かれた状態のことだが、家庭の経済事情による要因が子どもの心の貧困を引き起こす場合もある。対策として、ひとり親家庭などの子どもには学習支援事業の実施、ひとり親家庭の親の学び直し支援などによる就業支援などを進めている。

第3節 »»» 仕事と子育ての両立

▶ 1 育児休暇

　女性の育児休業取得率は 2007 年度以降 80% 台で推移しているが男性の育児休業取得率は 3.16%（2016）にとどまっている。男性の中には育児休業を取得したいと思っても、職場の人手不足や取りづらい雰囲気のため言い出せなかったという理由が挙げられている。また育児休暇以外の両立支援制度として 3 歳に満たない子を養育する労働者を対象とした短時間勤務制度が利用可能だが、利用経験のある女性が 4 割程度に対し、男性は 4.4%（2016）であった。さらに短時間勤務が長期化した女性の場合、フルタイムに戻れない者もいる。女性の子育てと仕事の両立支援策として生まれたワーク・ライフ・バランスだが、両立が困難で退職したケースがあるのが現状である。

　厚生労働省の 2015 年「人口減少社会に関する意識調査」では、20 〜 49 歳（1,447 人）の人に「出産・子育てにより前向きになるために必要なこと、大事だと思うこと」について回答を求めた結果、「とても必要、大事」が選ばれた割合の高い項目は「安定した雇用と収入」が 72.1% と最も多く、次いで「安心できる出産・小児医療の体制確保」（44.2%）、「安心して保育サービスが利用できること」（44.1%）であった。「安定し

た雇用と収入」を実現するためにも、夫婦両方のワーク・ライフ・バランスを見直し仕事と子育てを両立できる社会への意識改革を進めたい。

▶ 2　父親の子育て参加・協力

　子育ての実態について、「子育てに一週間で費やしている時間」を調査した結果（日本労働組合総連合会、2013 年）、父親の平均が 16.8 時間に対し母親は 53.0 時間であった。子育てを行っている比率は父親が 18.2%、母親は 71.7%、祖父母が 7.6% であった。父親は母親が専業主婦でも共働きでも変わらず 8 割の者が家事をしていない結果となった。

　一方「子育てに関して配偶者に望むこと」に関する母親の 1 位は、「子育てについて一緒に考えて欲しい」(47.9%)、次いで「子育てを手伝って欲しい」(46.2%) に対して、父親の 1 位は「特にない」(47.7%)、次いで「しっかり子育てして欲しい」(28.7%) であった。母親の望みは、他にも「子どもと接する時間を増やして欲しい」「日頃の子育てをねぎらって欲しい」「家事を手伝って欲しい」などが 3 割以上の結果となった。

　働き方改革、労働者の意識改革、育児に対する意識改革を進めているが、いまだに日本の職場の多くが子育てをしながら働ける環境ではなく、子育てを理由に休暇を取りづらい。育児は父親と母親が協力して行うことが当たり前、という時代がくることを望んでいる。

第4節 »»» 保育士の理解と支援

　子育て家庭の抱える課題は、多様化した家庭形態によって内容も細分化している。隣人との関わりが少なくなり、子育ての助言を得るには自らが気持ちを発信しなければならない。発信ができる人はママ友や同僚に相談できるが、そうでない人は悩みを一人で抱えてしまい、もやもや

と、それでいて尖った気持ちが子どもに向かっていくこともある。

　保育士のあなたが子どもに辛くあたる保護者を見かけたら、その人は自身の気落ちを発散する場、はけ口がない可能性がある。ひと言声をかけて返事がなくても、諦めずに笑顔で声をかけてみよう。尖った気持ちも何度か接するうちに角がとれていくはずだ。子育て家庭の抱える課題を理解するとは、保護者に寄り添ってみるということである。こちらが色眼鏡でみてしまったら、保護者の心は遠くに向いてしまう。支援したいという思いを押しつけるのではなく、保育士としての外見と人としての内面を持ち合わせて自然体で接してみよう。あなたが近づいたとき、保護者が違う方向に歩いていかなかったら、焦らず少しずつ距離を縮めていこう。その積み重ねが支援という形になっていくだろう。

　人が望む家庭とは、「団らん、安らぎ、絆を強め、そして親子が共に成長する場」である。保育士は関わる子どもや保護者がその空間を生み出せるように、彼らの思いを受け止め支援していく必要がある。

【引用・参考文献】

　厚生労働省「21世紀成年者縦断調査」2012年

　厚生労働省「全国家庭児童調査結果」2014年

　厚生労働省「結婚・家族形成に関する意識調査」2014年

　厚生労働省「家族と地域における子育てに関する意識調査」2014年

　厚生労働省「人口減少社会に関する意識調査」2015年

　三菱UFJリサーチ＆コンサルティング「仕事と家庭の両立に関する実態把握のための
　　　調査研究事業報告書」2017年

（大賀恵子）

第**9**章

地域の社会資源の活用

第**1**節 »»» 地域の中での子育て

▶1　子育て家庭の変化と現状（少子化・核家族化）

　今日の日本において、少子高齢化・合計特殊出生率の低下が問題視されてからずいぶん経つが、解決に向かっているという話は耳にしない。合計特殊出生率は、内閣府によると 2018 年時点では 1.42 であり、決して上昇しているとは言えない。また、2015 年の国勢調査では、核家族世帯は 10 年前の約 2,727 万世帯から約 2,975 万世帯と増加しているのに対し、3 世代世帯は 471 万世帯から 302 万世帯に減少している。

　また、都市部への人口集中により、以前は祖父母に子育ての知識や技術を教えてもらっていたが、現在はその機会が減少していると言えるだろう。さらに、防犯やプライバシーの保護を理由に、地域の住民との関わりも減少している。いつでも気軽に相談できる、子育て経験者が身近におらず、子育て中の保護者が孤立してしまう。それはどんな家庭でも起こり得ることである。

　そのため、母親が「子育てがわからない」「一人で子どもを育てなければいけない」とストレスを抱え込んでしまう悪循環に陥っている。そのような状況に対し、国や地域は様々な取り組みでサポートしている。

▶2　社会資源とは

　子育て家庭だけで、子どもを育てていくことは、困難なことである。

近隣の人々や、地域の福祉サービス等が必要である。そういった存在のことを、「社会資源」という。社会福祉用語辞典によれば「福祉ニーズを充足するために活用される施設・機関・個人・集団・資金・法律・知識・技能等々の総称。」とある。つまり、施設や機関だけでなく、制度や法律のような目に見えないものも含まれるし、また"個人"も社会資源なのである。

▶3 社会資源の活用・必要性

では、社会資源を求めている人、あるいは、第三者から見て社会資源が必要であると思われる人への支援は、どのようにすればよいであろうか。

現在、子育ての知識や技術の不安に限らず、経済面、環境面等、様々な問題を抱えており、子育て家庭のニーズが多様化してきている。そのため社会資源も多様化してきている。多種から選択できるということは良いことだが、多すぎて選べない、知らないということも考えられる。保育士は専門職として、きちんと把握して説明出来るほどの力が必要である。

また、支援が必要なのに、社会資源を利用しない人もいる。本人が必要性を感じていなかったり、事実を認められずに避けていたり、自ら求める力を失っていたりと、様々な他の問題が作用する場合もある。そういった人ほど、支援の必要性が高いことが多い。保育士等の援助者は、地域の人々に正しい情報を伝て、積極的に働きかけ、支援することも重要なことである。地域の子育て家庭にとって、相談、助言、連絡調整等をして、ネットワークの構築や社会資源の開発を支援してくれる、利用者支援事業がある。子育て家庭の状況を把握し、ニーズに合った良質かつ適切な社会資源を、円滑に利用できるよう手助けしてくれるため、選択に迷ったり困ったりした際は役立たせることができる。

第2節 »»» 子育て支援サービス

▶1　子ども・子育て支援新制度

　乳児家庭全戸訪問や一時預かり事業等、以前から実施されていたものも多いが、この新制度により、国として統一的に子育て支援を行うこととなった。各市区町村に財源と権限を一元化し、地域の実情に合わせた支援が充実するようにした。

　利用者支援事業も、そのうちの一つである。ほかにも子育て中の保護者がお互いの交流や情報交換等ができる場所を開設する、地域子育て支援拠点事業や子どもの預かり等の相互援助活動の連絡、調整を行う、子育て援助活動支援事業等がある。子育て家庭の育児不安解消のために、2015 年に「子ども・子育て支援新制度」が施行された。在宅保育をしている家庭も含めた、全ての子育て家庭が対象となっている。国が制度として、地域の子ども・子育て支援にも力を入れるようになってきている。

▶2　関係機関との連携・地域連携

　地域の子育て家庭への支援において、一つひとつの社会資源の充実も大切だが、連携することも大切なことである。子育てで何か困ったことがあった際、社会資源を利用しようと考えていても、必ずしもそれが利用者のニーズに合っているとは限らない。合わなかったから終わりではなく、その利用者に合った社会資源に繋げることも不可欠である。

　日頃から良好な関係で情報を共有し、お互いが常に状況を把握しておくことが大事である。問題が起きてから連携しようとするのではなく、普段から交流を持ち関わっていることが、何かあった時の円滑な連携に繋がるのである。

▶3 子育てしやすい地域づくり

　子育てしやすい地域とは、子育て中の家庭の様々なニーズに応えられる地域だと言える。いくら手厚い子育て支援のある地域であっても、それを求めている家庭がなければ不要であるし、知らなければ全く意味のないものになってしまう。子育てにおいて「このやり方が正しい」というものがないように、絶対的な社会資源もない。それでも様々な子育ての課題に気づき、予防・対応が出来る地域は、子育てをしやすいのではないだろうか。地域が一体となって子育てに協力し、子どもが健やかに育つように、家庭を応援していくことが求められる。

第3節 ≫≫ 社会資源としての保育施設

▶1 フォーマルな社会資源

　社会資源は、一般的に大きく分けて2つになる。自治体や行政が主体となる公的な「フォーマルな社会資源」と、ボランティアや法制度には基づかない「インフォーマルな社会資源」である。

（1）児童相談所

　児童相談所は、子どもに関する相談に応じたり、必要であれば子どもの一時保護・児童福祉施設等への措置を行う機関である。各都道府県、指定都市に1つ以上の設置が義務付けられている（中核市にも設置出来る）。市町村とは、適切な役割分担・連携を図り、児童相談所は、より高度な専門的知識・技術を必要とする相談への対応が求められている。近年、児童虐待や育児不安等の相談が増加し、緊急を要することも多いため、2017年の「児童福祉法」改正により、体制の強化が図られている。虐待等も含む養護相談と同じくらい、心身障害や発達障害等の障害相談も

多い。また、障害の判定や指導も担っている。

(2) 福祉事務所（家庭児童相談室）

「社会福祉法」に規定されている「福祉に関する事務所」をいう。社会福祉六法（生活保護法、児童福祉法、母子及び父子並びに寡婦福祉法、老人福祉法、身体障害者福祉法、知的障害者福祉法）に定める援護、育成、更生の措置に関する事務を行う行政機関である。都道府県と市（特別区）に設置義務があり、町村は任意で設置出来る。

また、福祉事務所には、家庭児童相談室が設置され、子育ての不安や悩み等の、家庭児童福祉に関する相談・援助の強化を図っている。

(3) 保健所・市町村保健センター

保健所は、地域保健の管理・実践を行う機関であり、都道府県、政令指定都市、中核市、特別区に設置されている。児童福祉においては、子どもの保健についての知識の普及、健康相談、健康診査、保健指導を行い、身体に障害のある子どもや長期療養の必要な子どもに対する療育指導や、児童福祉施設の栄養改善、衛生面等の指導も行っている。

市町村保健センターは、より身近に地域住民に密着したサービスを行っており、健康診査（1歳6か月健診、3歳児健診等）、乳児のいる家庭を訪問して相談・指導・情報提供、母子健康手帳の交付等を行っている。

(4) 児童家庭支援センター

家庭や地域住民からの子どもに関する相談を受け付けている児童福祉施設である。早期発見・予防のために、児童相談所を補完するものとしてつくられた。児童養護施設等に付置されていることが多いが、単独でも設置することができる。また、児童相談所等の関係機関との連絡調整を行い、緊急を要する場合は一時保護も可能である。

(5) 児童館

気軽で自由な遊び場として利用出来る児童厚生施設である。子どもの遊び場としてだけでなく、母親クラブや子ども会、親子のグループ活動等の場として、地域の子育てしている親への、支援の場にもなっている。

(6) 保育所・幼稚園・認定こども園

保育所は、入所している子どもの保育だけでなく、地域の子育て家庭への援助も重要な役割となっている。育児不安軽減のための相談援助や、地域の子育て家庭が孤立してしまわないような援助が求められている。また一時保育を行っている保育所も少なくない。

幼稚園は、通常教育時間は４時間とされているが、預かり保育（延長保育）を行う園も多く、働く保護者のニーズにも応えている。

幼保連携型認定こども園は、教育・保育を一体的に行い、地域における子育て支援を行う機能が期待されている。

(7) 社会福祉協議会

社会福祉協議会は、社会福祉法に規定された社会福祉の推進を目的とした非営利の民間団体である。地域住民の人間関係が希薄化している現在、地域の多くの人々と協同し、活動を行っている。

(8) 児童委員（主任児童委員）

児童委員は、民生委員を兼務している。担当区域の子どもや家庭の生活や環境を把握し、必要な情報提供、援助、指導を行う。要保護児童の通告を仲介する役割も担う。民間奉仕者のため、インフォーマルでもあるが、厚生労働大臣に委嘱されているため、立場的にはフォーマルであるといえる。主任児童委員は、担当区域を持たずに、児童福祉に関する事項を専門的に行う児童委員である。

(9) 子育てサロン

子育てサロンは、地域の子育てに関する機関の職員や、社会福祉協議会の職員、ボランティアの先輩ママ等が主宰して開催している。公民館や児童館等、地域の身近な会場を借りて、親子で参加し、子育ての悩みを相談し合ったり、情報交換を行ったり、交流の場として提供している。

(10) その他の児童福祉施設

他に助産施設、障害児入所施設、児童発達支援センター等、いくつも存在する。また、養育を受けられない乳児を育てる乳児院、事情がある

母子家庭に住む場所を提供し、自立支援をする母子生活支援施設、様々な理由から養護を必要とする子どもを入所させて養育・自立支援を行う児童養護施設では、退所後も相談援助等のアフターケアで支援をしている。

(11) その他のフォーマルな社会資源

自治体によって名称は様々だが、子育て支援課では、情報提供や相談・助言を受けることができ、関係機関との連絡調整等も行なう。

地域子育て支援センターは、自由に親子で利用できたり、企画されたプログラムを他の親子と楽しめたり、親が孤立せずに情報を共有出来る。

家庭裁判所は、養育費の請求、親権者変更、特別養子縁組の許可等、子どもに関する家事事件を扱うため、フォーマルな社会資源といえる。

▶ 2　インフォーマルな社会資源

(1) 子育てひろば

子育てひろばは、親子が一緒に参加して遊べる場である。社会福祉協議会や NPO 法人等が運営している。子育てに関する情報や、地域の子育て支援情報を得ることもでき、子育てに関する講座を行うこともある。

(2) 子育てサークル

子育て中の保護者同士が集まり、相談し合ったり、情報交換・情報共有等をするグループである。子どもの遊びの場としてはもちろん、親同士の交流の場として、子育てにおける不安や孤独感を緩和させる意味合いもある。子育てしている保護者が自主的に集まり、運営している団体だが、地域の関係機関や、社会福祉協議会が関わり、支援することもある。集まって情報交換したり子ども同士で遊んだりすることもあれば、季節行事を開催したり講演会を開いたりと、活動も形態も様々である。

(3) その他のインフォーマルな社会資源

親族や知人、地域住民もインフォーマルな社会資源といえる。子育ては一人で行うことはできない。周りの支えがあってこそできることなの

80

である。核家族化が進み、祖父母の子育て協力が減少し、地域での関係が希薄になり、困った時も声を掛けづらくなっている。しかし、協力してくれる人が身近な周りにいることで、よりよい子育て、子どもの成長に繋がるのではないだろうか。

　一方で、それが難しくなっていることも事実である。その時に必要な地域の社会資源を選択することができれば、ストレスを減らし、子育てがしやすくなるのではないだろうか。

中央法規出版編『社会福祉用語辞典』中央法規出版、2012年

内閣府『子ども・子育て支援新制度説明会　資料3-1地域子ども・子育て支援事業について』2015年

内閣府・文部科学省・厚生労働省『子ども・子育て支援新制度 なるほどBOOK 平成28年4月改訂版』2016年

井村圭壯、松井圭三『家庭支援論の基本と課題』学文社、2017年

（橋本　樹）

第**10**章

子育て支援施策の現状と推進

第**1**節 »»» 新たな子育て支援施策、幼児教育・保育の無償化

▶1 2019年「改正子ども・子育て支援法」成立

　2017年12月、政府は、幼児教育の無償化などを柱とした2兆円規模の「人づくり革命」のための「新しい経済政策パッケージ」を閣議決定した。それを踏まえ、2019年5月、幼児教育の無償化を実施するための「改正子ども・子育て支援法」が成立した（同年10月施行）。同改正法の基本理念には、「子ども・子育て支援の内容及び水準について、全ての子供が健やかに成長するように支援するものであって、良質かつ適切なものであることに加え、子供の保護者の経済的負担の軽減に適切に配慮されたもの」と、幼児教育・保育の無償化が、子ども・子育て支援のために企図されたことが示されている。ただし、無償化の本来の趣旨は、総合的な少子化対策を推進する一環として行われるものであることに留意する必要がある。また、この無償化政策により待機児童問題を悪化させるとの反発の声も上がっている。これらの問題点を踏まえたうえで、無償化政策を柱とする「改正子ども・子育て支援法」が成立に至るまでの日本の子育て支援施策を概観する。

図表 10-1

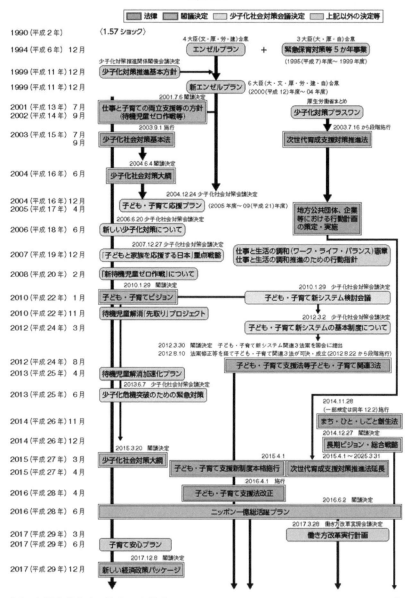

出典：内閣府子ども・子育て本部〈https://www8.cao.go.jp/shoushi/shoushika/data/torikumi.html〉
（2020.1.20 最終アクセス）

▶ 2　子育て支援施策展開の経緯

　1994 年の「今後の子育て支援のための施策の基本的方向について（エンゼルプラン）」からスタートする、子育て支援施策が展開される背景には、1989（平成元）年の 1.57 ショック（合計特殊出生率の低下を少子化問題と捉える）がある。図表 10-1 は内閣府が作成した、これまでの少子化社会対策の経緯を示したものである。この図を見て明らかなように、子育て支援は少子化対策のために推進されてきた。

　その後も、少子化対策としての子育て支援サービスの充実や子育てと仕事の両立のための雇用環境整備や地域の子育て環境整備がなされ、2003 年「次世代育成支援対策推進法」が制定された。同法は国・地方公共団体そして企業等が一体となって次世代育成支援に取り組むことを求めた。この動きには、①少子化という「数」の問題ではなく、次世代をどう育てるかという「質」の議論を喚起した点、②子どもや社会全体の構成員に焦点を当てた政策体系になってきたこと、という 2 つの点において極めて重要な意味を持っているとされる。その理念において、少子化対策から次世代育成支援へと変化したと一定の評価を得た、が同年に「少子化対策基本法」が制定されたことに象徴されるように、あくまで少子化対策を一段と強化するためのものであった。このような少子化対策のための子育て支援施策では、少子化の進行は止まらなかった。

　明確な基本理念の転換が提示されたのは、2010 年策定の「子ども・子育てビジョン」からである。「子どもが主人公（チルドレン・ファースト）」という理念のもと、従来の「少子化対策」から「子ども・子育て支援」へと視点を移し、子ども・若者の育ち、子育てを支援することを第一に考える施策へと転換を図る。当事者の目線で、「生活と仕事と子育ての調和」を目指し、次代を担う子どもたちの健全育成のため、「生命（いのち）と育ちを大切にする」「困っている声に応える」「生活（くらし）を支える」を、子ども・子育て支援を行う際の 3 つの大切な姿勢

と位置づけた。

第2節 »»» 妊娠期から切れ目のない子ども・子育て支援へ

▶1　子ども・子育て支援新制度

　2015年4月、結婚、妊娠、子ども・子育てに温かい社会の実現をめざし、新たな「子ども・子育て支援新制度」がスタートした。

　新制度創設は「子ども・子育て関連三法」（「子ども・子育て支援法」「認定こども園法の一部を改正する法律」「子ども・子育て支援法及び認定こども園法の一部を改正する法律の施行に伴う関連法律の整備等に関する法律」）が施行されたことによる。導入の背景には「待機児童対策」「地域の子どもを親の事情で分離しない（幼保一元化）」「幼児期の教育の振興」「全世代型社会保障の実現」の4点がある。本制度の主なポイントは、①認定子ども園制度の改善、②認定こども園・幼稚園・保育園を通じた共通の給付等の創設、③地域の子ども・子育て支援の充実の3点で、「質」（子どもたちがより豊かに育っていける支援）と「量」（必要とするすべての家庭が利用できる支援）の両面から、子育てを社会全体で支えることを目指すものとなった。

▶2　地域の実情に対応した子ども・子育て支援

　2017年3月、各自治体に対して「市町村子ども家庭支援指針（ガイドライン）」が通知され、地域の実情に応じた幼児教育・保育・子育て支援の質・量の充実が適切に実施されるよう求められた。具体的には、利用者支援事業・地域子育て支援拠点事業をはじめとする妊娠期からの切れ目のない親子支援に関する内容が詳細に示されている。

　各自治体に対して、このように新たなガイドラインが示されることに

なった背景には、「児童福祉法」の改正が大きく影響している。厚生労働省も指摘しているように、従来、同法においては、子ども家庭相談の対応は、児童相談所が対応すべきものと位置づけられてきた。しかし、子どもの権利を擁護するためには、子どもとその家庭に最も身近な基礎自治体である市町村が、子どもと家庭への支援の責務を負うことが望ましいと考えられるようになり、子ども家庭相談に応じることが、市町村の業務として、同法に明確に規定されたのである。

第**3**節 »»» 子ども家庭支援に関わる法律

► 1　2016年「児童福祉法」の画期的改正

　子ども・子育て支援施策に大きく影響した「改正児童福祉法」および同法改正に大きく影響した「子どもの権利条約」を概観する。

　1947年、前年に制定された日本国憲法の基本理念と精神に基づき、児童福祉の理念および原理を定めた、子どもについての根本的・総合的な法である児童福祉法が制定された。その後数度の改正を経て、同法制定から70年となる2016年5月、「全ての児童が健全に育成されるよう、児童を中心に、その福祉の保障等の内容を明確化する。」ことを目的として、理念そのものに関する改正がなされた（同年6月公布）。

　第1条は「全て児童は、児童の権利に関する条約の精神にのっとり、適切に養育されること、その生活を保障されること、愛され、保護されること、その心身の健やかな成長及び発達並びにその自立が図られることその他の福祉を等しく保障される権利を有する」と、改められた。続く第2条では、子どもの「意見が尊重され、その最善の利益が優先して考慮され」るべきこと、そして子どもを「心身ともに健やかに育成することについて」、保護者に「第一義的責任」があると同時に、国及び地

方公共団体にも、その責任を負うことが明記された。加えて、国及び地方公共団体には「児童の保護者を支援」することをも義務付けた（第3条の2）。つまり、子どものみならず家庭を支援することが重要であり、そのための市区町村・都道府県・国の役割・責務が明確化されたのである。

　このように今改正によって、子どもの権利条約にのっとり、すべての子どもが「等しく権利を有する」こと、さらに「意見が尊重され、その最善の利益が優先して考慮され」と、子どもの権利条約の文言自体が明記されたことは、子どもが権利の主体であることを明確に示し、子どもの福祉にとって極めて意義深い。

▶2　児童の権利に関する条約（子どもの権利条約）

　「子どもの権利条約」は、国際的レベルの子どもの権利の確立と保障を目指し、1989年の国連総会において全会一致で採択され結実した。日本は1990年に署名（109番目の署名国）したものの、批准に伴う国内法の整備に時間がかかり、1994年に批准が行われた（158番目の締約国）。締約国は、条約の実効や進捗状況報告の義務を負うことになる。

　これまでの法制度は、大人の権利義務を中心に構成されてきた。子どもは、大人によって保護される従属的な存在でしかなく、独立の権利主体とは見られなかった。これに対して「子どもの権利条約」は、18歳未満のすべての人の基本的人権の尊重を促進することを目的として成立した。採択されてから、子どもを独立した権利主体として尊重し、できるかぎり子どもの人権を保障しなければならないという国際人権法の流れができてきたとされる。同条約は、全54条からなり、包括的な権利を実現・確保するため、健全に成長するために必要な受動的権利としての「生きる権利」「守られる権利」「育つ権利」と、「意見表明権」（第12条）に代表される能動的権利としての「参加する権利」の4つの柱から構成される。そして大人に認められる人権を平等に保障しようとするとともに、あらゆる差別を禁止し（第2条）、第3条第1項において「子ど

もの最善の利益」が優先されるべきことを明記している。

▶ 3　児童福祉六法および児童福祉に直接関わる法律

　国は、「児童福祉法」をはじめとする以下の児童福祉に関する重要な6つの法律を定めている。児童福祉六法とは、その総称であり、「児童福祉法」(1947年)、「児童扶養手当法」(1961年)、「母子および父子並びに寡婦福祉法」(1964年)(1981年に寡婦家庭、2002年には父子家庭が対象に加わり、2014年に名称が現在のものになる)、「特別児童扶養手当等の支給に関する法律」(1964年)、「母子保健法」(1965年)、「児童手当法」(1971年)からなっている。

　この他、児童福祉に直接関わる法律には、「就学前の子どもに関する教育・保育等の総合的な提供の推進に関する法律（認定こども園法)」(2006年)、「子ども・若者育成支援推進法」(2009年)、「子ども・子育て支援法」(2012年)、「貧困の連鎖」を防ぐために制定された「子どもの貧困対策の推進に関する法律」(2013年)などがある。児童福祉において特に注目すべきは、2019年6月、「児童虐待の防止等に関する法律」(2000年制定)の画期的法改正がなされたことである。今改正法は、悲惨な児童虐待による死亡事件等が後を絶たず、抜本的な対策強化が求める声が高まる中、しつけに際しての親による「体罰禁止」を明文化した(「児童福祉法」も改正された)。

▶ 4　子育て支援施策に残された課題−待機児童ゼロ作戦を中心に

　少子化対策としての子育て支援サービスが拡充される一方で、その結果として潜在的ニーズが掘り起こされるとともに、核家族化の進行や共働き世帯の急増により待機児童問題が生じた。これに対して2001年より仕事と子育ての両立支援策として「待機児童ゼロ作戦」を始動した。「子ども・子育て応援プラン」でも待機児童解消を最重点課題と位置付け、待機児童50人以上の市町村を中心に、2007年度までの3年間で集

中的に受け入れ児童数を拡大する方針を打ち出し、いったんは減少した。しかし、その後の不況の影響による共働き世帯の増加などにより、増加に転じた。この状況に対し、2008年「新待機児童ゼロ作戦」、2013年には「待機児童解消加速化プラン」を実施。待機児童の全体の71.7%（2017年4月）は1・2歳児が占めており、厚生労働省は、今後も1・2歳児の受け皿拡大を中心に取り組みを進めていくとした。そのため各自治体の保育拡大の見直し及び企業主導型保育事業の受け皿拡大により、2013年から2018年の5年間で、保育の受け皿を約59.3万人拡大する見込みだ。だが、2018年10月の待機児童数は4万7,198人であり、同年4月時点との比較では、2万7,303人増加している。

　このように、現在もなお完全な解消には至っていない中、2019年10月からスタートした無償化政策が、待機児童問題を悪化させるとの不安の声が、各方面から上がっている。無償化は年収が多いほど恩恵が大きいのではないか、認可外施設等の扱いが未定である、そして何より保育施設や保育士や保育の質の確保が不透明のままでは、問題が解消されないという指摘である。これらの指摘および「児童虐待の防止等に関する法律」の今改正を踏まえた、権利の主体としての子どもの最善の利益、子どものウェルビーイング（権利の尊重と自己実現）の促進を中核に据えた「子ども・子育て支援施策」の創設が喫緊の課題である。

【引用・参考文献】

外務省『児童の権利に関する条約 第3回日本政府報告』2010年

柏女霊峰『これからの子ども・子育て支援を考える』ミネルヴァ書房　2017年

堀江奈保子「今月のキーワード／次世代育成支援対策推進法」『みずほリサーチ2005年8月号』p13みずほ総合研究所

内閣府『平成29年版　少子化社会対策白書』2017年

内閣府『子ども・子育て支援新制度 なるほどBOOK』2016年

内閣府「資料3　子ども・子育て支援法の改正（案）について」2018年

（小口恵巳子）

第11章

多様な子育て家庭への支援

第**1**節 »»» 多様化、複雑化する子育て家庭の生活環境

► 1　家庭の様々な生活環境

　保育士が関わる子どもの家庭環境は様々であり、1つとして同じ家庭はない。子育ての第一義的責任は家族や家庭ではあるが、近年の子育てに関わる家族や家庭の状況、家庭環境は変容してきている。共働き家庭、ひとり親家庭、外国にルーツを持つ家庭、経済的な困窮家庭等の増化が見られる。また、事情があり、祖父母との生活をしている子ども、父親または母親の再婚相手やその家族と生活をしている子ども、保護者に病気や障害がある子ども、DV の影響を受けている子ども等、様々な状況が見られる。様々なケースの子育て家庭への支援の必要性は非常に高く、多様なニーズが求められる。

► 2　子育て家庭の状況

　社会の変化とともにライフスタイルも大きく変容し、家庭環境にも変化が現れている。就学前保育施設の保育者は、日々の生活に忙しく子どもと十分に関わることができていないと思われる保護者や、落ち着きがなかったりイライラしたり情緒が不安定な子どもの様子から、保育士は各家庭の環境が様々な影響を与えていることに気づくことがある。しかし、家庭内のことはプライバシーにかかわるデリケートな部分でもあり、家族や家庭の状況を把握することには難しいが、支援に必要な情報を得

ることは重要である。

　保護者の子育てには、自身の身体面、精神面の余裕はもちろんであるが、経済面の安定がなければ、子どもの養育に支障をきたすことが多い。たとえば、離婚によりひとり親家庭になった場合、収入を得るために就労し、生活環境が変わる。生活も時間に追われ、子どもとゆっくり関わる精神的なゆとりが持てなくなることが増える。経済的にも厳しくなり、子どもに不利益をもたらす要因となる。家庭環境に関する特別な状況は、周囲の理解を得ることが難しい事情を含んでいるため、相談できずに保護者だけで問題を抱え込んでしまうことも少なくない。そのため、悪循環が繰り返され悲惨な事態を引き起こすこともある。

　保育士として子どもの最善の利益を第一に考慮し、関係機関と連携した家庭支援を行うことが求められる。

第2節 »»» 多様な子育て家庭の実際

▶ 1　ひとり親家庭

　ひとり親家庭が近年増加傾向である。2016年度全国ひとり親世帯等調査によれば、推計で母子世帯数は123.2万世帯、父子世帯数は18.7万世帯である。ひとり親になった理由は、離婚が最多で、次にどちらかの死別、未婚の出産となっている。また、母親が子の親権者になることが多いため、母子世帯が増えている現状である。

　母子家庭の38.7％、父子家庭の55.6％が子ども以外の人と同居しており、親との同居は母子家庭で27.7％、父子家庭では44.2％になっている。平均年収（母又は父自身の収入）は母子世帯で243万円、父子世帯は420万円であり、児童のいる世帯では708万円であることから見ても母子世帯は経済的に厳しい状況がわかる。一方、父子世帯においても、子育て

と仕事を両立させるために、やむを得ず非正規や派遣といった働き方をしている場合や残業・休日出勤が難しいために転職を余儀なくされ、生活の安定がしづらい状況も見られる。

　ひとり親家庭の親は当事者の責任と感じて、自分一人の子育てを一手に抱えて頑張っていることがあり、経済的にも精神的にも支援をすることが必要である。ひとり親家庭に多く見られる子どもの貧困について、政府はひとり親家庭等自立支援の総合的な対策として「すくすくサポートプロジェクト」による支援を実施している。

▶ 2　貧困、経済的困窮

　貧困の捉え方は複数あり、代表的なものに絶対的貧困と相対的貧困がある。絶対的貧困とは、衣・食・住において充実感を欠き、人間として最低限の生活を営むことができない状態のことを言う。相対的貧困とは、国民の年間所得の中央値の50％に満たない所得水準の人々のことを指す。この数値は貧困を計る指標となっている。

　2016年国民生活基礎調査によると、日本の子どもの相対的貧困率は13.9％で、子どもの約7人に1人（約280万人）が貧困状態にあるといわれている。親の経済的貧困は、子どもから教育を受ける機会を奪うことにつながり教育格差が生まれ、そのまま経済格差に直結する。貧困問題は、親から子へ、子から孫へという具合に世代を超えて連鎖しやすい傾向があり「貧困の連鎖」といわれる。

▶ 3　ステップファミリー

　ステップファミリーとは、死別による子連れ再婚、離婚による子連れ再婚、未婚で連れ子がいる結婚、片方に連れ子がいる再婚、双方に連れ子がいる再婚等による家庭を言い、成り立ちは様々で、組み合わせによっていろいろなケースがある。日本でも離婚および再婚の増加とともにこのような形態の家族が増えてきた。特に再婚する年代は30歳代が

多く、子育て世代にも該当する。

　血縁のない親子関係や兄弟姉妹関係を含んだ家族形態であり、新しい関係の家族を構成するために、それぞれが悩んだり、ストレスを受けたり影響が大きい。たとえばファミリーになってから、相手の連れ子を愛せない、連れ子と会話できない、心を開いてくれずギクシャクした関係になっている、2つの家族の生活習慣の違い、パートナーとしつけや価値観の違い、周りに理解されない、よい親子関係をつくろうと無理をする、相手の子どもとの養子縁組について等の問題が起こることがある。ステップファミリーが互いに理解し家族として生活するには、長い時間を要する。また、親せきを含めた周囲の人の理解を得ることが難しい場合も多いため、それぞれの立場や関係を理解したサポートが必要とされる。

▶4　里親家庭

　保護者の死亡や病気、家出、離婚、虐待等、何らかの事情により家族や家庭で暮らせない子どもたちを、児童相談所からの委託を受け家庭に迎え入れて養育する人のことを里親という。里親制度は、児童福祉法第6条の4に基づいて、里親となることを希望する人に子どもの養育を委託する制度であり、養育里親、専門里親、養子縁組里親、親族里親に分類される。里親を希望する人が研修後に名簿に登録し、児童相談所等が子と親の引き合わせを行って委託をする。2019年4月の登録里親数は11,730世帯、委託里親数は4,245名、委託児童数は5,424名であった。近年、児童虐待の増加により、実親に養育を任せられない児童が増加している。2016年6月施行の改正児童福祉法では、児童が心身ともに健やかに養育されるには、より家庭に近い環境での養育の推進が述べられている。しかし、社会的養護を必要とする児童の約9割が施設に入所の現状である。家庭的な養護が必要とされている大きな理由は、乳幼児や児童には、特定の大人との関係をしっかりつくることにより愛着関係を

形成することが大変重要であり、その後の他者との信頼関係を築く基礎
となる。子どもは安心、安全な居場所があることで、外の世界へ興味を
持ち自我が芽生え成長する。このような安心して落ち着いて生活できる
安全な場が家庭であることから、政府は委託を推進している。しかし、
里親及びファミリーホーム（児童 5 〜 6 人の養育を行う里親を拡大した里親
型のグループホーム）への委託率は、全国平均で 19.7％（2018 年 3 月）に
とどまっており、社会的に認知されていない現状である。

　里親になる理由は様々であるが、里親に委託される子どもは、複雑な
家庭背景の中で生活し、心に傷をもつ子どもが多く、育てづらさがある
場合が多いといわれ、対応に悩む里親家庭もある。就学前保育施設では
日々の保育を通し、里親が養育の悩みを抱えたときに相談したり、情報
を共有したりできるような支援が望まれる。

▶ 5　外国にルーツを持つ家庭

　近年、経済や文化、社会のグローバル化が進み、日本にもいろいろな
国の多くの外国人が見られる。2018 年 6 月末の法務省報道発表によれば、
在留外国人数は 282 万 9,416 人と過去最高を示した。保護者の就労等で
来日し、就学前保育施設を利用する子どもが多くなっている。ある公立
幼稚園では、多い時は 12 か国、30 名程の子どもが利用していたという。
保護者のどちらかが日本語を話せたり、家族の協力を得ることができる
場合はまだ良いが、現在は全く日本語を使えない保護者も少なくない。
言葉が通じない、文字が読めない保護者も増えているため、園だよりを
訳したり、連絡事項をイラストや写真を使いながら個別に伝え工夫しな
がら対応する必要がある。

　また、食に関しては文化によって食べられない物もある。お弁当を作
る習慣がなければ、作ることに難色を示す場合もある。別な保育所では、
自国に保育自体のシステムがなく、通園の時間や活動を理解してもらう
のが思いのほか難しく、時間がかかったと話していた。

　就学前保育施設で外国籍の子どもを受け入れる場合は、出身国の生活習慣や文化、子育ての考え方等を理解することが必要である。そのうえで、子どもの国や地域の文化や生活習慣の違いを認め、互いに尊重することが大切である。これからは、様々な国の文化を知り、共存する多文化共生社会であることを互いに学ぶ機会として活用していくことが大切である。また、日常の子育てでは不安や戸惑うことも多く、言葉の壁とともに孤立した子育てにならないように配慮したいものである。どのような情報を必要としているのかを個別に丁寧に対応し、保育士が相談相手となり地域や関係機関とつなぐ役割が求められる。

第3節 »»» 支援を行う保育士として

▶ 1　求められる視点

（1）保育者の基本的態度

　家庭の多様な状況に応じた支援を行うとは、どのようなことであろうか。保育者が子育て支援をするにあたり、保護者に対する基本的態度として、保育所保育指針解説第4章子育て支援に以下に示すことが述べられている。

　　○一人一人の保護者を尊重しつつ、ありのままを受け止める受容的態
　　　度が求められること
　　○敬意をもってより深く保護者を理解すること
　　○保護者自身が選択、決定していくこと

　このような支援の過程を通して保護者と信頼関係を構築することが必要である。そのうえで保護者の不安や悩みに寄り添い、子どもの成長を喜び、共感し合うことによって、子育てに自信をもち、楽しいと感ずることができるように支援することが望まれている。特に、周囲の理解を

得にくい多様な状況のある家庭は、相談できず孤立してしまう傾向があるので、上記を踏まえてより適切な対応を考えていきたい。

(2) 多様な状況の把握と理解

保育士自身が子育て家庭の多様な状況を把握し理解する必要がある。保育士が育ってきた環境や価値観を、支援する家庭にあてはめて考えてはいけない。戦後、日本の家族形態は父母と子ども、また三世代（どちらかの祖父母）による生活形態で現わされ、父親は会社員、母親は専業主婦のイメージが一般的な家庭として描かれてきた。しかし、近年は共働き家庭の増加に伴う家庭内の家事・育児の分担やワーク・ライフ・バランスや働き方の変化等へ関心が高まってきている。さらに個別化の考え方が重視される社会にあっては、共働き家庭が増え、母親が専業主婦である家庭は少なくなっている。保育士は子どもとその家庭を受け止め、その状況や事情を正しく把握し、内容を理解して適切な支援に関わる視点をもつことが必要である。

(3) 支援に向けて

保育士が支援を必要とする家庭に関わる時間はそう長くはない。特定の保育士から、周囲・地域社会の人や関係する機関を活用する力をつけることが大切である。つまり、子どもの家族、家庭が適した生活ができるように、それぞれのニーズを把握し働きかけることである。そして、家族や家庭が本来持っている力を取り戻し、困難や問題に対処できるように（エンパワメント）支援することが求められている。

保育士が支援する場合、子どもやその家庭が「どうしたいのか」「どうなりたいのか」という意思を尊重することが大事である。子どもやその家庭の自己決定を大切にして支えることである。保育士と家庭の信頼関係を基に、支援の方法を一緒に考え、一つずつ丁寧に対処しなければならない。子どもとその家庭のための支援であることを忘れず、誰に、どのような支援をするのか、必要な支援は何かを明確にして、よきパートナーとして関わりたいものである。

► 2 地域との連携

　保育士は子育て家庭に寄り添い、最良と思われる支援を考える。しかし、多様化し複雑化した子どもの家庭への支援は保育者にとっても戸惑うことが多い。特に、前述したひとり親家庭、貧困家庭、ステップファミリー、里親家庭、外国籍家庭等は家庭や家族の在り方、家族のつながりが多様で複雑で、各家庭が異なっており、保育士の経験則では図り得ないことが多い。それゆえ、適切に対処することのできる人や専門機関につなぐことも重要である。

　様々な課題を抱えた子育て家庭のニーズに合った適切な支援を考えた時に、保育士一人の力だけで解決しようとしたり、保育施設のみですべての役割を担おうとしたりすることは困難である。保育士を含めた就学前保育施設や地域の専門機関等が連携し、子育て家庭の支援に向けて協働することにより、適切な支援が可能となり機能する。

　多様な課題を抱える子育て家庭が孤立することなく、地域の社会資源を有効に活用しながら、その家族らしさを活かして生活できるような支援に努めたいものである。

【引用・参考文献】

　法務省報道発表 「平成30年6月末　在留外国人統計」2018年

　厚生労働省報道発表 「平成28年度　全国ひとり親世帯調査」2017年

　厚生労働省 「平成29年度　国民生活基礎調査」2018年

　谷田貝公昭・石橋哲成監修、中野由美子・佐藤純子編著『新版　家庭支援論』(コンパクト版保育者養成シリーズ) 一藝社、2018年

(原子はるみ)

第12章

保育所利用の子育て家庭への支援

第1節 》》》 保育所における子育て支援の役割

　戦後の経済成長時代を経て、日本の社会において家庭・家族のありようが大きく変化し、生活様式や生活習慣が多様化してきている。また、女性の社会進出も顕著になり、女性が職業を持つことに対しての意識も大きく変わってきている。そのため、結婚しても働く女性が増え、仕事と育児の両立支援のため保育所等の育児基盤の整備がなされてきた。総務省「労働力調査」によると、2017年では、25歳〜44歳の女性の就業率は74.3％となり、保育所等利用率は全体では、42.4％、1,2歳児では45.7％となっており、女性の就業率と1,2歳児保育所等利用率は、年々上昇傾向にあることが示されている。

　さらに、少子化も進んでおり、身近に子どもの姿を見たことがないまま、母親・父親になることが多く、子どもの成長する姿や子育ての方法を知らず、子育てに対しての悩みを抱える家庭が増えている。そのため、保育所保育指針（厚生労働省、2017年）「第4章　子育て支援」「2　保育所を利用している保護者に対する子育て支援」に、保育所が行う子育て支援について明記されている。ここでは、保護者が支援を求めている子育ての問題や課題に対して、保護者の気持ちを受け止めつつ、子育てに関する相談、助言、行動見本の提示などを行い、保護者の養育力の向上につながるような支援を専門職である保育士が行うことが記載されている。

第2節 »»» 保育所における子育て支援の実際

► 1 事例：行動見本

> 0歳児クラス　9か月、A男。父親、母親の3人家族
> 　4月より母親が育休明けで、仕事に復帰した。A男は、じっとしていることが苦手で、衣服の着替えをするときに、なかなかスムーズにいかず時間がかかると怒り出し、着替えができなくなることがある。母親は、A男が初めての子どものため着替えなどの援助がうまくいかず、送迎の際、A男が泣き出し仕度をするのに時間がかかることがたびたびであった。
> 　母親に家庭での様子を尋ねると入浴時やパジャマの着替えなど一仕事でそれだけで疲れてしまうと話す。母親が迎えに来た時に園での子どもの様子を伝えながら、母親の前で着替えを行う。母親には、園ではこのように着替えを行っていることを伝える。スムーズに着替える子どもの様子を見た母親に対して、子どもを膝に座らせ、話しかけながら、手早く袖を通す方法を伝える。その後、実際に着替えを保育士の前で行ってもらう。うまくでき、母親から「このようにすれば、良かったのですね」と言われる。また、母親に「上手にできましたね」と伝える。

　この事例は、行動見本である。行動見本とは、子育てに必要な技術を保護者の前で行って見せることである。
　子どもと触れ合った経験がなく母親になった保護者は、子どもについての知識や対応の方法がわからない。乳児に対しても、着脱の場面で対面の状態で着替えをさせようとする母親が多い。しかし、乳児の場合は自分の膝の上に乗せることで、子どもが安心し落ち着き、援助がスムー

ズに行うことができる。そのことを、保育士が言葉だけではなく、母親の面前で行い、実際に母親が行う様子を見守り、できたことに対して母親を認める言葉をかけることで母親は自信を持ち、そのことにより子育ての負担感を軽減することができるのである。このような、行動見本は子育ての技術を直接母親に示し、すぐに活用できる支援の方法である。

▶2 事例：家庭の食生活

　1歳児クラス、T男。父、母、の3人家族

　1歳児クラスより入所したT男の体型は、同学年の子どもよりも小柄でやせ気味である。午前中の遊びではほとんど動かず、ぼんやりしていることが多い。しかし、昼食を食べた午睡後はとても元気で表情もよく、体を動かしてよく遊ぶ。午前と午後のT男の様子の違いについて、担任間で話し合う。連絡帳の朝食の欄に、牛乳1杯と書かれていることが多く、他のメニューが書かれていることがなく、食べてこない日もあった。そこで送迎時に、母親に家庭での朝食について尋ねる。母親は晩婚で独身時代が長く、朝食は食べないスタイルで過ごしてきた。父親も朝食を家庭で取らず、出勤前会社近くで食べている。T男には、牛乳を飲ませている。食事のスタイルは長年行っていることで、子どもが生まれたから変わるものではないと考えている。T男の保育園の様子を伝えるとともに、子どもの活動は午前中が大切であり、小学校に行くようになると、朝元気がないと勉強にも影響が出ると考えられることを伝える。母親は「自分は朝食を食べないので、子どもの分だけ作るのは負担であるし、何を作ったらよいのかわからない」とのことだった。パンや前日のご飯をおにぎりにして、翌朝食べさせるでも良いことを伝えた後、飲み物だけのメニューはなくなり、朝、菓子パンやおにぎりを食べてくるようになる。午前中も元気に遊ぶようになり、その変化を母親にも伝える。母親にも笑顔が多くなった。

事例1と同様に、母親自身が、子どもの成長に何が必要なのか、また子どもの食生活についても知識がないことから、子どもにも大人と同じ食生活を行っていた。この場合も、保護者を責めるのではなく、保護者の考えを聴くことから始め、保護者に負担無く子どもの成長を保障できるような提案をしていくことが大事である。

とくに食生活は保護者自身が築き上げてきたものでもある。そのため保護者を否定するのではなく、子どものために提案をするという姿勢が大切なのである。そして、保護者が努力してくれたこと、改善してくれたことに対して子どもの良い変化を伝え、保護者の子育てを認めていくことで、子育てが楽しいと感じてもらえる支援に繋がるのである。

▶3 事例：トイレトレーニング

1歳児クラス、H子。父親、母親と3人家族

H子は7月生まれでとてもしっかりしており、食事や着脱など基本的生活習慣がほとんど身についていて、言葉も多く、クラスの中では、小さな先生的存在である。しかし、トイレトレーニングにはまるで関心を示さず、自分で紙おむつを取り替えてトイレに行こうとはしない。12月ごろ、母親から相談を受ける。家庭ではそろそろトイレトレーニングを始めようと思い、かわいいお姉さんパンツを準備したり、トイレもH子が楽しんで行かれるように、キャラクターの装飾をするなど準備をしてみたが、H子はまるで関心のない様子でトイレには行きたがらず、「おむつがいいの」と主張する。どうしたらトイレトレーニングに興味を示すようになるのかという相談であった。

園では、午睡から起きた時や外遊びの前後など、時間を決めて子どもたちにトイレの言葉がけをしているが、無理に誘うことはしていない。時期が冬ということもあり、尿感覚が短くなる子どももいるので、様子を見ながら行っていることを伝える。H子は、排泄以

外は何でもできるので、母親の期待も強いようだ。自分の気持ちを言葉で伝えられるようになっているので、母親には、担任がH子にどうしてトイレがいやなのか尋ねてみると伝え、H子と話をしてみた。「きんぎょ組さんになったら、トイレでおしっこするの。かにさんのときはおむつなの」と話す。「きんぎょさんになったら、お姉さんパンツをはいて、トイレでおしっこするの、できる？」と尋ねるとH子は「できるよ」とはっきり返事をしたので、母親にもそのことを伝え、無理強いをせず、本人の気持ちを尊重しながら様子を見守ることに合意する。場面によってはさりげなくトイレに誘ってみながら、家庭での様子、園での様子について情報を母親と共有する。カリキュラム会議でも、H子についての状況を伝え、H子への関わりについて周知する。3月ごろより進級に向けての活動が始まったので、さりげなくトイレについての確認を行う。

　4月の進級した日より、H子はおむつではなくお姉さんパンツをはき、トイレで排泄を行う。失敗はなかった。母親と子どもを信じて待ってよかったと話す。

　トイレトレーニングは、2歳からが始めることが一般的になっているが、紙おむつの普及により、おむつが外れる時期は遅くなっている。育児書などにも多く取り上げられていることから、保護者の関心が高く、それだけにトイレトレーニングの急ぎすぎや待ちすぎで、失敗するケースも多い。この事例では、子どもの気持ちや主張を受け入れ、子どもの意思を大切にすることを保護者に伝えた。子どもを一人の人間として尊重することが、子ども理解の第一歩である。子どもの気持ちを受け止め待つことにより、成長した子どもの姿を認め、共に喜び合い、母親の努力を認めながら、子どもを信じることを伝えていくことが大切であり、そのためにも、保護者と保育士との間に信頼関係が結ばれていることが重要なのである。

▶ 4　事例：気になる子ども

　3歳児クラス、S男。中学2年生の兄と、父親、母親の4人家族

　4月からの新入園児。母はパートで勤務している。自分から言葉を発することはないが、排泄は自立しており、食事や着替えなど自分で行うことができる。砂や水が好きで遊び始めると夢中になり、保育士の声には反応しなくなる。室内の水道から水を出して遊んでいたので、水を止めると、トイレに行き男子用便器に流れる水を触っている。汚いことを伝えやめさせる。繰り返し禁止すると、やめることができる。描画が好きで殴り書きを楽しむ姿も見られる。S男は笑顔が多いが、感情の表出が少ない。S男の様子について園全体で配慮する。

　ある日、母親が必死な様子で本児を連れ、遅くに登園した。理由を尋ねると園に通う道にこだわりがあり、違う経路にするとパニックを起こすとのこと。その日も曲がり角を一つ、ずらしただけなのにパニックを起こし動かなくなってしまったとのことだった。園ではパニックを起こす場面はなかったが、散歩を計画したとき、園の門から出ることを嫌がり、散歩は中止としたことがあった。活動の中で保育士の指示が伝わらないことがある。母親にこの保育園での様子を伝え、家庭での様子を尋ねる。母親は「兄と年が離れているので、子育ても初めての感じがして、兄の時もこんな感じだったのではと思っている。家で気になるのは、呼んでも反応しないことがあるので、耳が悪いのではと心配している」とのことだった。保育園では、ピアノの音がするとすぐピアノの側に行くので、耳が悪いわけではないと思うと話をして、療育センターに受診することを勧める。母親が気にしている聴力について検査してもらうことを勧め、療育センターへとつなげた。療育センターでは、S男が自閉的傾向と診断がつき、療育センターと保育園に通ってに必要な援助を行う

> こととなった。母親も療育センターの母親学級に通い、療育センターと連携し、情報を共有しながら、S男の個別指導計画を立案し保育を行っている。

　この事例は、母親が気になっていた聴覚の問題を解決するために、療育センターへの受診を依頼し、専門機関への連携をスムーズに行うことができた。しかし、気になる子どもを園で発見しても、専門機関へと繋げることはなかなか難しい。保護者には、繰り返し園の様子を伝え、集団で遊んでいる子どもの様子を見てもらうなどする中で、保護者自身に気づいてもらうことが大切になる。保護者が気づき、相談してくれて初めて、関係機関への連携を行うことができるのである。保護者の"（他の子と違うことを）認めたくない"という葛藤を理解し、保護者の自己決定を待つことが、支援に繋がるのである。

第3節 >>> 保育所における子育て支援の留意点

　保育所に通っている子どもの保護者は、就労しており一日の大半を子どもと関わることなく過ごしている。そのため、子どもの姿を理解することが難しい。また、子どもが周りにいない環境で育った保護者が多く、子どもの成長に対してイメージを持つことが難しい現状がある。そこで、朝夕の伝達や行事などへの参加を促し、保護者が自分の子どもと同年齢の子どもを多く見ることで、子どもモデルのパターンを増やすと同時に異年齢児の姿を見ることにより、子どもの成長の過程をイメージすることができるようになる。つまり、成長の見通しを持つことができるのである。

　また、懇談会では、保護者同士が子どもについて話す相手を見つける場の提供を行うこともできる。子育ての悩みを互いに相談できる友人を

持つことは、共通の話題があることで、一人で子育てをしているという負担感を軽減し、自分と違う子育てのパターンを知る機会にもなる。保護者自身が、子どもの姿を理解するための機会を多く提供することが大切である。

このように、保護者の子ども理解を支援するために、保育士が様々な助言を行うが、一番重要なことは保護者との間に信頼関係を築くことである。そのためにも、保護者の自己決定を尊重し、保育士も保護者と一緒に子育ての楽しさを共有できるような関係が基本となるのではと考える。保護者との信頼関係を築くためには、保育所の保育士間の連携が必要である。保育所全体で、子どもや保護者についての情報をカリキュラム会議やケース会議等で共有する。担任以外の保育士も不必要な関わり方を保護者にせず、子どもに対しても常と変わらず、同様の対応をすることが保護者の安心や信頼に繋がっていくのである。

保育所だけでは対応できない問題の解決には、市町村における福祉事務所、保健センター、児童相談所、療育センター等、関係機関と協働することが求められる。その場合、情報の共有や提供を行い、連携していくことが望まれる。

【引用・参考文献】

厚生労働省「保育所保育指針」2017年

（長谷川直子）

第13章

保護を要する子育て家庭への支援

第1節 »»» 子ども家庭支援の現状

► 1 子育て家庭を取り巻く社会動向

現代社会の社会情勢は、子育て家庭に様々な影響を及ぼしている。都市化、核家族化、少子化等取り沙汰されて久しいが、地域社会におけるつながりの希薄化により、子育て家庭の孤立、あるいは養育者になる者の子育て経験不足といった問題等へと発展しかねない。

こうした背景とも関連して、全国の児童相談所に寄せられる子ども虐待に関する相談件数は増加の一途をたどっている。1990（平成2）年度に調査を開始して以来、一貫して増加しており、2018（平成30）年度では、15万9,850件（速報値）と過去最多となった（**図表 13-1**）。

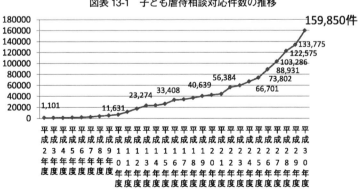

図表 13-1　子ども虐待相談対応件数の推移

出典：厚生労働省報道発表資料 2019 年 8 月を基に筆者作成

　子ども虐待は、言うまでもなく子どもの健全な成長発達に重大な影響を与えうる人権侵害である。加えて日本の現状として、毎年、虐待によって子どもの命が奪われる最悪の事件が後を絶たない。子ども虐待を予防し、子どもの権利を守り、また子育て負担を軽減する社会やそのための法制度の確立が喫緊の課題となり、様々な法改正が行われている。

▶ 2　市町村と児童相談所（都道府県）の役割

　地域社会のつながりが薄れている現代社会では、子育て家庭の身近な存在として、子育てに不安や課題を抱える家庭とつながり、支えるための支援機関の存在が一層求められている。日本では、これまで児童相談所が子ども家庭福祉の中心的な機関としてその役割を担ってきた。一方で、児童相談所は広域的な地域を管轄し、より複雑な事案を抱え、業務過多な状況が続いている等、子育て家庭にとって身近な存在としての機能を充分に提供するには難しい側面もあった。

　そこで、家庭に最も身近な自治体である市町村が子育て支援の中心的役割を担うよう、2004 年の児童福祉法改正により、2005 年 4 月から、市町村の業務として子ども家庭相談に応じることが明確に規定された。また、2015 年 4 月からは、子ども・子育て支援制度がはじまり、市町村が実施主体となって、様々な地域子ども・子育て支援事業やその他の活動が実施されている。その一つの乳児家庭全戸訪問事業は 2009 年より児童福祉法上に位置づけられ、出生後 4 か月までの乳児がいる全ての家庭に訪問し、子どもや保護者の様子を把握する。そこで子育てに不安や課題がある家庭があった場合は、子ども虐待の予防や防止に向けて積極的にアウトリーチ等を行い、必要な支援へとつなげる仕組みとなっている。

　さらに 2016 年 6 月の児童福祉法の改正により、市町村において特に在宅ケースを中心とする支援体制を一層充実するために、実状の把握、情報提供、相談、指導、関係機関との連絡調整等の支援を一体的に提供

図表 13-2　虐待の重症度等と対応内容及び児童相談所と市区町村の役割

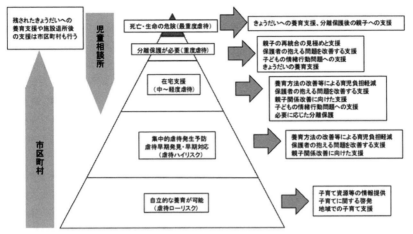

出典：厚生労働省『子ども虐待対応の手引き（平成 25 年 8 月改正版）』より抜粋

する拠点の整備が努力義務化された（児童福祉法第 10 条の 2）。

　同時に各市町村において、すべての子どもとその家庭及び妊産婦等を対象として、その福祉に関し必要な支援に係る業務全般が適切に実施されるよう「市町村子ども家庭支援指針」（ガイドライン）が策定された。

　一方で、児童相談所は 2016 年の同法改正により、「専門的な知識及び技術並びに各市町村の区域を超えた広域的な対応が必要な業務」を担うとしてその役割が明確化された。こうした児童相談所（都道府県）と市町村の役割は、例えば子ども虐待ケースへの対応においても厚生労働省の「子ども虐待の対応の手引き」にも記されており（図表 13-2）、それぞれの立場から緊密に連携することが重要とされている。

▶ 3　市町村におけるソーシャルワーク

(1) 市町村の強みを活かしたソーシャルワーク

　市町村は、「市町村子ども家庭支援指針」に基づき、子育てをする各家庭に沿った支援を行うことが求められるが、市町村のもつ強みを活かした支援を行っていくことが重要となる。例えば「市町村の強みの一つ

として、その地域で子育てに係る活動を行っている団体や子ども食堂等の居場所づくりをしている団体、民生委員・児童委員」等との連携が挙げられる。加えて市町村が管轄している保育所・幼稚園・認定こども園といった保育現場、小学校、中学校等との連携やネットワークの構築も欠かせない。

(2) 要保護児童対策地域協議会

こうした市町村のソーシャルワークを円滑に行うために、市町村には要保護児童対策地域協議会（以下、要対協と表記）が設置されている。要対協の目的は、要保護児童、要支援児童、あるいは産前産後に悩みや不安を抱え特に支援が必要な特定妊婦等への適切な支援を図るための情報交換、あるいは支援内容の協議を行うこととされている（児童福祉法第25条の2第2項）。具体的には、乳幼児健康診査や乳児家庭全戸訪問事業等で明らかとなった要支援・要保護家庭の情報を関係機関が共有してネットワークを構築し、その上で連携した支援を行なっている。

ただ、これまでこの協議会は、関係機関の連携が十分ではなく、結果として深刻な事態に至ったケースがあったことも指摘されていた。そこで2016年6月の児童福祉法改正により、これまで要対協への専門職の配置を努力義務としていたものを義務とし、加えて児童福祉司や保健師、保育士といった専門職への研修を義務化し、実効ある役割が果たせるようにした（児童福祉法第25条の2第6項）。

こうした市町村のネットワークに子育て支援の最前線となる幼稚園や保育所、認定こども園等の保育現場（以下保育現場と省略）には、積極的な参加や情報提供を行っていくことが期待されている。

第2節 »»» 保護を要する子育て家庭への支援

► 1　保育現場における子ども虐待ケースへの取り組み

（1）子ども虐待の予防や防止に向けた保育現場の重要性

　保育現場は、日々子どもや保護者が通園する最も身近な子育て支援機関の一つとして重要な役割を担っている。保育現場がもつこの特性は、子ども虐待の予防や防止に向けた取り組みとしても強みになり、保育士はしっかりと子ども虐待の予防や防止といった認識をもって対応にあたらなければならない。実際に児童福祉法第5条において、保育現場には、児童虐待の早期発見に向けた努力義務が規定されている（**図表13-3**）。

　加えて児童虐待の防止等に関する法律第13条の3の1項には、児童虐待を受けた児童等に対する支援として、子ども虐待等の課題がある家庭の優先的な入所要件について規定されている。これは、子ども虐待の予防や防止の取り組みとして、保育現場に見守りや在宅支援の一翼を担うことが求められていることを意味している。

　実際に、2017年度に全国の児童相談所が、虐待相談を受けた後の対応状況として「相談総数13万5,152件のうち、児童相談所等による助言指導や継続指導等のいわゆる面接指導となった割合は、全体の12万

図表13-3　児童虐待の防止等に関する法律（抜粋）

児童虐待の防止等に関する法律第5条（児童虐待の早期発見）
学校、児童福祉施設、病院、その他児童の福祉に業務上関係のある団体及び学校の教職員、児童福祉施設の職員、医師、保健師、弁護士その他児童の福祉に職務上関係のある者は、児童虐待を発見しやすい立場にあることを自覚し、児童虐待の早期発見に努めなければならない。
児童虐待の防止等に関する法律第13条の3、1項（児童虐待を受けた児童等に対する支援）
市町村は、子ども・子育て支援法第27条第一項に規定する特定教育・保育施設保育施設（…省略）の利用について（…省略）児童虐待の防止に寄与するため特別の支援を要する家庭の福祉に配慮しなければならない。

出典：厚生労働省「児童虐待の改正等に関する法律」2000年5月24日

1,182 件（89.7%）を占めた。一方で施設入所等は、3,986 件（2.9%）、里親等委託は 593 件（0.4%）」の割合であり、この傾向は毎年続いている。

　こうした動向からも虐待相談後の対応は、児童相談所が市町村をはじめとした関係機関と連携しながら在宅支援を行っているのが現状であり、市町村を中心とした在宅支援の強化に向けて、保育現場もしっかりとその一翼を担う必要がある。

（2）　保育現場の子ども虐待ケースへの取り組み

> 　A 子は 3 歳の女児である。現在、実父母は離婚しており、母親（24 歳）と二人で暮らしている。母親は気分の浮き沈みが激しく、不安定になると A 子の世話をしなくなり、食事をせずに A 子が登園することもしばしばあった。また、A 子の体臭がきつく感じることもあった。靴はいつも穴の空いた同じ靴で、足のサイズより窮屈なものを履いていた。担任が母にそのことを告げるが、新しい靴を購入しない日が続いた。送迎の際も母は A 子の言動に無関心な様子で、以前、担任に「A 子がかわいいと思えない」、「何もやる気がおきない」と告げる場面もあった。また、「以前はクリニックに通院していたが、生活が苦しく今は通えていない」とも言っていた。その後、長期欠席が続いたことで、園から児童相談所に通報し家庭訪問が行われた。訪問時も母はなかなか起き上がれずにいた。A 子は隣の部屋にいて玩具で遊んでいたが、以前より痩せている様子であった。こうした状況から、母親の状態が回復するまで一時保護することとなった。

　虐待ケースに対応する上で最も重要なことの一つは、保育現場だけで抱え込まず、常に関係機関と連携した支援を行うことである。「保育所保育指針」の第一章総則には、「家庭や地域の様々な社会資源との連携を図りながら」、入所する子どもの保護者支援や地域の子育て支援を担う役割があるとしている。このように保育現場は、単独で対応するのではなく、社会資源と日頃から連携しながら対応にあたることが重要である。なぜなら子ども虐待のケースには、保育現場ができることとそうでないことがあるからである。先の事例にもあるように、家庭や保護者が

抱える背景には、経済、医療、保健、福祉といった様々な課題を抱えている場合が多い。例えばこの事例にあった母親が通院していないといった場合には、通院費を軽減するための保健師による支援が考えられる。また、経済面に課題がある場合には、ひとり親家庭への就労支援や手当の補助、負担軽減の手続き、あるいは生活保護の申請といった福祉事務所等の支援が必要となる。

　このように保護者やその家庭が抱える課題は、その地域の自治体の子育て支援課や福祉事務所、あるいは保健所（保健センター）等の専門職と日々の中で連携して対応にあたることが求められる。

　連携する上での保育現場の役割は、日々の中で入所している子どもや保護者が抱えている現状や課題、変化等を見守り、必要な支援を積極的に関係機関に発信する等、子どもや保護者の最も身近な支援者として迅速な対応を図ることである。さらに日々子どもには安全・安心の居場所を提供し、保護者へは細やかに相談に応じる中で、負担の軽減に向けた助言や必要な情報の提供等を行うことである。

　また、保育士が問題と感じていることを、保護者自身は課題と捉えていない場合もある。そうした場合、必要に応じてアウトリーチとして保護者へ「子どもの健全な成長のため」といった提案を行い、社会資源等に積極的につなげていくことも一つである。

▶ 2　障害のある子どもやその家庭への支援

　障害、あるいは発達上の課題がある子どもやその家庭への保育や支援については、「子どもに障害や発達上の課題が見られる場合には、市町村や関係機関と連携及び協力を図りつつ、保護者に対する個別の支援を行うよう努めること」（保育所保育指針第 4 章の 2 の（2）のイ）とある。

　子どもだけでなく保護者を含む家庭への援助に関する個別記録や計画を作成し、適切な対応を図る必要があるが、まずは保護者の障害受容等、葛藤や不安といった様々な思いを十分に受け止め、伴走する姿勢が求め

られる。そうした共に思いを受けとめる存在があることで、保護者自身も少しずつ将来への漠たる不安や育てにくさ、障害の否認といった障害受容の過程の中から前向きに子育てと向き合えるといった変化につながっていく。

加えて、保護者の意向を尊重しつつ、保育所等訪問支援の利用や保健師、児童発達支援センター等と連携した支援を提供していくことでより適した支援が可能となる。虐待ケースと同様に保育現場単独ではなく、様々な関係機関と連携することがまず重要である。

【引用・参考文献】

厚生労働省報道発表資料（2019年8月1日）子ども虐待による死亡事例等の検証結果等について（第15次報告）及び児童相談所での児童虐待相談対応件数（速報値）＜ www.mhlw.go.jp/stf/houdou/0000190801_00001.html ＞（2019年8月21日最終アクセス）

厚生労働省「市町村子ども家庭支援指針」（ガイドライン）雇児発0331第47号平成29年3月31日

厚生労働省「子ども虐待対応の手引き」（平成25年8月改正版）pp14

厚生労働省子ども家庭局家庭福祉課虐待防止対策推進室「2019年度児童相談所所長研修〈前期〉児童家庭福祉の動向と課題」　2019年4月23日 pp39 ＜ www.crc-japan.net/contents/situation/pdf/201804.pdf ＞（2019年8月22日最終アクセス）

厚生労働省『保育所保育指針解説書』2018年3月

（今井大二郎）

第**14**章

地域の子育て家庭への支援

第**1**節 »»» 子育て家庭の現状と課題

► 1 子育て家庭の現状

　子育て家庭の課題には、核家族の増加による家族の変化や母親の孤立、親と子どもの密着した関係性などがあげられる。子どもと向き合うことが思うようにいかない育児に、不安とストレスを抱えて、それが深まり徐々に虐待傾向へと移行し、結果的に児童虐待になりかねない状況に発展することもある。この場合、多くの母親達は周囲の人達とのつながりがなく、周囲には相談できる友人や知人がいない中で子育てに孤軍奮闘している。イクメンと呼ばれる父親たちが増えたと言われているが、それはほんの一部で、実際には大半の母親が一人で子育てをしている。この時生じる母親の育児不安や葛藤を相談できる場所や、このような孤独な母親達をしっかりと温かく受けいれてくれる専門家の人達の存在が必要になる。従来この役割は、祖父母や親戚、兄弟姉妹、近隣地域の人々が担ってきた。この支えによって母親が一人で抱えず、育児に悩むことなく安心して子育てを行うことができた。しかし、このような子育て機能が維持されない状況であれば、それに代わる支援体制を考えなければならない。そこで求められるのが地域で行う子育て支援である。

　実際に子育て家庭を支えるには、どのようなことをしたらよいだろうか。身近な場所で、親子が遊びに来る交流の場を提供し、仲間を作ることで話のできる母親に聞いてもらい助けられる。また保育士などの専門

家スタッフに育児相談することで、少なからず一人で抱えなくても済み、かなり楽になる。更に育児情報を提供することで、母親自身が早期の段階で問題が緩和し、解決できる方向性が見いだせることにもつながる。何よりも個々の親子にあった支援をすることが重要である。

▶2　地域での支援

　子育て支援は妊娠からはじまる。母体の心身の健康を保つことは出産後の健全な親子関係を構築していく上でも重要である。出生後より、母親は2時間ごとの授乳や夜泣きなど、思い通りにいかない子育てに大きなストレスを感じることになる。そのため、母親を支えると同時に機関と連携ができるシステム作りが必要である。地域のフォーマル、インフォーマルの社会資源を活用し、母親が地域の中で孤立しないためのつながりをつくり、相談できる専門職や、子どもを預かってくれるサービス、愚痴をこぼせる友人などにより、システムは構築される。特に発達障害を持つ子どもの親や経済的に困窮している家庭、ひとり親などには、さらなるストレスが加わるため、地域での見守りや支援体制の構築は重要となる。

　保育所保育指針第4章には親と連携して「子育ち」を支えることを基本に、保育所を利用している親に向けた子育て支援においては、「子どもの育ち」を家庭と連携して支援することと示されている。親とともに子どもの育ちを喜び合うことを重視している。

第2節 »»» 子育て支援の実践

▶1　事例の概要

　母親Aさんは30代前半で、子どもBちゃん（男児2歳）は初めての子

どもである。Ｂちゃんは遊びの部屋（プレイルーム）に入るときから、大泣きをして時間がかかり、新しい環境になじむのが難しい子どもだった。1歳児健診の際、Ａさんは育てにくさを訴えたが、「現時点ではどのような育ちになるかがわからない」と言われ様子を見ている段階だった。

　何人もの子ども達が次々と母親とともに入室し、楽しげに遊びを繰り広げる様子をみて、Ｂちゃんもようやく子どもなりの安全確認をして、入室した。Ａさんはその間Ｂちゃんの気持ちがおさまるまで付き合い、時間をかけて見守っていた。靴を脱ぐ、荷物を置くなどのタイミングが他の子どもとずれてしまうと、そこで再び大泣きとなり、泣き止むのにさらに時間がかかった。Ａさんはその場面ごとに見守りをしていたが、ため息をつき、困った顔をして何度もＢちゃんの様子を見ていた。

　Ａさんは他の母親から声をかけてもらう等、かなり心理的サポートを受けていた。子どもの中には泣いているＢちゃんに声をかけ、遊びに誘う場面がたびたびあった。その時のタイミングで遊びに誘われてすんなりと遊びに参加する時もあれば、泣き続け参加しないときもあり、気分の状態によって左右されていた。

　制作活動においても、Ａさんの傍に座って一緒につくる時もあれば、最初から何もせず、滑り台の上に上がり、指しゃぶりに終わるときも多かった。Ａさんは周囲の親子が制作活動をしているのを見て、Ｂちゃんを滑り台から降ろそうと抱きかかえると、のけぞり大騒ぎをして側にあったブロックのところに座った。するとＢちゃんは無理やり滑り台から降ろされたことに腹を立て、Ａさんに殴りかかったため、ＡさんはＢちゃんを大きな声で注意した。すると再び大声で泣きだし、この声に触発されたほかの子ども達も泣きだした。

　一人の母親が、Ａさんに近寄り、「何言っても今はだめなのだから、ほっといて、私たちのところで今日の制作を一緒にやりましょう」と声をかけてきた。Ａさんはその母親の誘いをうけ制作の仲間に入り、泣き

ながら折り紙を折り出した。その様子をみていたＢちゃんはしばらく一人でブロック遊びをしていたが、やがてＡさんの存在が気になり、そっとＡさんの顔を見ながら膝に座った。

　昼食時Ｂちゃんはさんの作ってきたお弁当には目を向けず遊び続けた。Ａさんは何度かＢちゃんに声をかけながら、他の母親達と一緒に作ってきたお弁当を食べ始めた。Ａさんはお弁当を食べながら、うまくいかない育児について、母親達の前で語りながら泣いていた。他の母親達は温かく受け入れＡさんの話を聞いていた。

▶ 2　支援内容

　このように発達障害やその傾向のある子どもの子育ては、想像以上のストレスが昂じてくる。この息詰った子育て状況において、事例のように周りの母親達の支援は、時に専門家による励ましや支援よりも大きな支えになる。安心できる子育て環境が整えば、多少の困難さも乗り越えていくことが可能になる。同じ子育てを一生懸命している同志がいることの安心感が、Ａさんにとっては心強かったことだろう。このような育児環境を構築することは、子育てを支える上で必要となる。そのため専門的知識をもつ保育士等のスタッフがコーディネーターとなり、子育て環境を整えいくことが地域の子育て支援において重要なのである。

第3節 ≫≫ 地域子育て支援の役割

▶ 1　地域子育て支援拠点事業

　地域子育て支援拠点事業の実施場所は、2018（平成 30）年で一般型が6,555 か所、連携型は 876 か所で合計すると 7,431 か所となり、その数は増え続けている。また、「地域子育て支援拠点事業実施要綱」では、

地域子育て支援拠点事業について 4 つの基本事項が示されている。

　1 つは子育て親子の交流の場の提供と交流促進、2 つ目は、子育て支援等に関する相談、問題解決に向けた支援、3 つ目には地域の子育て関連情報の提供、4 つ目は子育ておよび子育て支援に関する講習等の実施である。これらはすべて子育て不安感の緩和や解決策を目的に、子どもの健やかな育ちを支援する。

▶ 2　児童館の役割

　児童館は子どもに健全な遊びを提供し、心身の発達向上を図る大切な役割を担っている。活動では「親子で遊ぼう」など未就園児を持つ親と子どもの集まりを企画し、大型絵本の読み聞かせや、親子遊びを促進している児童館もある。親子で歌を歌いリズムを体感し、音楽にふれあう活動を行っているところもある。読み聞かせでは絵本に触れる体験を一緒にすることで、自宅に帰っても親子で楽しむことができる。

　季節感を楽しめるよう、夏は庭にビニールプールを出して、親子で水遊びの体験を、制作では暦に合わせこいのぼり、七夕飾り、月見団子つくり、クリスマス会などの活動を行う。仲間作りや親子が孤立せずに参加できる。自主グループによる子育てサークルで母親主体の遊びの場をつくり、ピアカウンセリングを行っているところもある。放課後に小学生が利用するだけでなく、児童館は地域の実情にあわせ、様々な子育て支援の取り組みを行っている。

▶ 3　公民館の役割

　地域にむけた活動の展開場所である公民館では、子どもや親に向けた事業を実施している。子育て支援事業の中には、乳幼児ふれあい学級など乳幼児の健やかな成長を願うものが多く含まれており、家庭における育児に関する学習や親子がふれあえる学習の機会を提供している。

　また、家庭教育学級など小中学生保護者対象に家庭の中で対応できる、

子どもの成長に合わせた親支援もある。そのため年齢を幅広くとらえた対応になっており、子どもの生きる力を育む家庭教育力向上に対応した学習機会を提供しているところもある。

▶ 4　大学内の地域子育て支援

　乳児を抱える母親の中には、子どもの気持ちに寄り添うことが苦手な母親もいる。出産後初めて乳児とふれあい、今まで経験してこなかった体験がそこから始まる。地域の子育て支援の役割にはこのような育児経験がなくとも、また育てにくい子どもでも気兼ねなく相談できる場所、育児について学べる場所を提供することである。周りの母親達に支えられながら、親子がともに育つ力を引き出し、学びながら子育てを肯定できる親子関係を作ることを支援する。

　現在様々な大学が子育て広場を持ち、地域の子育て支援の一端を担っている。新見公立短期大学（岡山県）では、にいみ子育てカレッジ「にこたん」、東京家政学院大学では乳児グループ活動「ぽかぽかひろば」、愛知県立大学では子育てひろば「もりっこやまっこ」を開設している。

▶ 5　大学での地域子育て支援の実践活動

　高崎健康福祉大学（群馬県）では、2006 年に文部科学省の助成をうけて、大学構内に地域貢献の一貫として子ども・家族支援センター（以下支援センター）を開設した。担当スタッフには、学内の教員が対応している。教員の資格は様々で、小児科医、精神科医、看護師、助産師、管理栄養士、薬剤師、社会福祉士、精神保健福祉士、理学療法士、特別支援専門職、保育士等が参加し活動している。

　支援センター開設直後より、近隣の子育て中の母親からの依頼が多く、電話相談の内容は「子どもが泣きやまない」「どのように子どもと関わってよいかわからない」「自分がおかしくなりそうだ」等、電話口を通して泣いている子どもの声も聞こえている状況であった。ほとんどが

　出産直後から生後 6 か月までの乳児をもつ母親からで、ハイリスクであると判断し、大学内の部屋に子育て支援を行う相談窓口と子育て支援プログラムを企画して、独自の子育て支援を開始した。

　育児不安の解消と親子関係を築ける親子遊びを取り入れ、スタッフである保育士と小児科医、精神保健福祉士、精神科医のチームを組み、親子ふれあい教室を開催し支援を行った。母親を孤立させないために小グループを作り、2 人目 3 人目を妊娠した母親にも出産前のママ教室を開始した。妊娠中の生活の注意事項や食生活、妊婦でもできる運動を含め、子どもが生まれてからも支援できる切れ目ない関わりを助産師が継続的に行った。

　また、ヨガ教室では母親だけの時間を作り、子どもと離れる時間を確保し、リフレッシュする時間を、フラダンス教室は母親が乳児を抱いたまま踊ることができスキンシップを図れる活動を行なった。食育教室は栄養科教員のもとで、季節にそった食材を使う料理教室を開催した。参加していた親子に外国籍の方がいたことから、日本人の母親との交流も行った。発達障害のある子どもを持つ母親支援として仲間作りもできた。

　大学近隣にある保育所、幼稚園、認定こども園との連携で保育現場を支援し、幼保小連携に伴う教育委員会ともつながりができ、現在行政と連携・協働し地域子育て支援を行っている状況である。

高崎健康福祉大学の子ども・家族支援センター（ホームページより転載）

120

【引用・参考文献】

厚生労働省編『保育所保育指針解説』フレーベル館、2018年

Bowby J.『Attachment and Loss: Vol.1.Atacchiment』.New York: Basic Books　1969

黒田実郎、大羽蓁、岡田洋子、黒田聖一訳『母子関係の理論.Ⅰ　愛着行動.』岩崎学術
　　出版、2000年

白瀧貞明、平玲子、柏木宏介、松川悦之「発達障害児の社旗聴講に関する研究その２：
　　自閉症初期兆候としての母子関係障害」厚生労働省精神神経疾患研究委託費、児
　　童・思春期における行動・情緒障害の病態解析及び治療に関する研究、平成５
　　年度研究報告書、1993年　pp.13-17

遠藤利彦「アスペルガー症候群におけるアタッチメント.アスペルガー症候群の子ど
　　もの発達理解と発達援助」稲田尚子、神尾洋子「幼児早期のアスペルガー症候
　　群.アスペルガー症候群の子どもの発達理解と発達援助」ともに『別冊発達30』
　　ミネルヴァ書房、2009年

厚生労働省雇用均等児童家庭局長第３次改正「地域子育て支援拠点事業実施要綱」
　　2018年

（千葉千恵美）

第15章

子育て家庭への支援の現状と今後の動向

第1節 »»» 日本の子育て家庭への支援の現状

► 1 日本の家族関係支出

　日本の合計特殊出生率は、低い状態が継続しており長期的な少子の状態が継続している。人口も減少に転じ、少子化対策は喫緊の課題となっている。少子化の要因を明確に捉えつつ、子育て家庭の現状を正確に把握し支援を実施することは、少子化対策としても重要な課題である。

　日本は欧州諸国に比べて、家族政策全体の財政的の割合が小さいことが指摘されている。家族関係社会支出の対 GDP 比は 2016 年現在 1.29％と低水準である。もともと高い欧州諸国で割合が上がっているのと対照的である。日本でも幼児教育の無償化等が進められ、子育て家庭への支援は推進されているが、欧米諸国では大学まで教育費が無料の国も多く、財源の確保などがさらに求められる。家族政策の内容や子育てをめぐる諸政策は様々な要素があり、諸外国の事例を参照しつつも、日本の実情に合わせた対策が必要となっている。

► 2 子育てと就業の両立支援

　子育て費用は増加傾向にあり、家計から支出される子育て費用は、誕生から大学卒業まで一人当たり 1,700 万円から 2,800 万円と推計される。それとは別に、子育てのため母親が仕事を中断して失われる「機会費用」は、生涯で 2 億円以上の損失が見込まれる（増田、2000 年）。子育て

の「機会費用」とは、子育てにより親が就業を中断した場合、得られる
はずであった賃金などを指す。女性の医学的・生理的な「妊娠適齢期」
である20歳代は、仕事の面でチャンスが広がる時期であり、機会費用
の認識もあいまって、結婚・出産を先延ばしにしがちである。そこで、
女性に子育てと就業の二者択一を迫る現状を打開し、両立を可能にする
ことが重要な課題である。女性の就業率と合計特殊出生率との関係をみ
ると、女性の就業率が高いほど合計特殊出生率が高くなっている。

▶3 保育サービスの現状

　政府の推進する「子ども・子育て支援新制度」では、保育サービス等
の「量的拡充」や「質の向上」を図り、全ての子どもが健やかに成長で
きる社会の実現を目指している。「量的拡充」として、保育所、幼保連

図表 15-1　OECD 加盟 24 か国における女性の合計特殊出生率と女性労働力率 (15 〜 64 歳) 2000 年

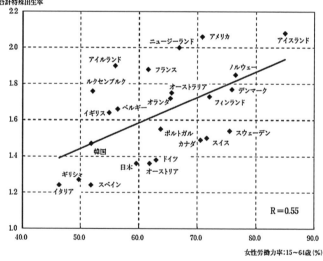

〔資料〕Recent Demographic Developments in Europe 2004.日本:人口動態統計,オーストラリア Births,No.3301,カナダ:
　　　Statistics Canada, 韓国:Annual report on the Vital Statistics,ニュージーランド:Demographic trends,U.S.:National
　　　Vital Statistics Report, ILO Year Book of Labour Statistics より作成。
〔注〕女性労働力率:アイスランド、アメリカ、スウェーデン、スペイン、ノルウェーは、16歳〜64歳、イギリスは16歳以上。

出典：内閣府男女共同参画局

携型認定こども園、幼稚園型認定こども園、地域型保育事業等により、積極的な定員拡大が進められた。「質の向上」では、私立幼稚園・保育所・認定こども園等における職員の処遇改善や、3 歳児の職員配置の改善、私立幼稚園・保育園・認定こども園の職員給与の改善、放課後児童支援員の処遇改善を行っている（内閣府、2017 年）。加えて幼児教育の無償化も進められている。そのような努力により保育の受け皿は拡大しつつあるが、女性の就業率が高まると同時に保育の需要も高まるため、今後も継続して推進する必要がある。

第2節 »»» 諸外国の子育て支援サービス

▶1　日本と諸外国の合計特殊出生率

　日本と欧米諸国の合計特殊出生率は、1960 年代以降で低下傾向となった。1990 年代からアメリカ・スウェーデン・フランス・イギリスで再び回復したが、ドイツ・イタリア・日本では低い水準のままであった。どの国も子育て支援の努力が実施され、近年ではドイツの回復が注目されている。

▶2　諸外国の子育て支援

(1) 政府が推進する包括的な子育て家庭への支援
　子育て支援制度は、主として児童手当制度等の経済的支援策や、育児休業制度等の仕事と育児の両立支援策がある。これらの施策は、子どもやその家族に対して社会的に支援することを目的とした「児童・家族制度」として位置づけられており、ヨーロッパ諸国では長い歴史を有している。今日の日本で取り入れられている育児休業制度は、ヨーロッパ主要国で制度化されたものである。

図表 15-2　日本と諸外国の合計特殊出生率の動き

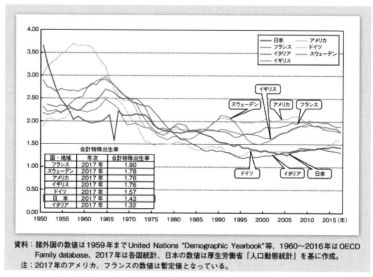

資料：諸外国の数値は1959年までUnited Nations "Demographic Yearbook"等、1960～2016年はOECD Family database、2017年は各国統計、日本の数値は厚生労働省「人口動態統計」を基に作成。
注：2017年のアメリカ、フランスの数値は暫定値となっている。

出典：内閣府「令和元年版　少子化社会対策白書」p.6

　スウェーデンは早くから子どもの福祉を重視した家族政策を導入し、男女双方の仕事と育児の両立を目指し、多角的で包括的な政策を打ち出してきた。スウェーデンでは休業期間の480日分の所得が保障されており、最初の390日間は従前賃金の80%が給付される。それにより父母の双方が育児休業を取得し家庭で子どもを育て、1歳を過ぎてから徐々に保育施設に保育を委ねることが可能となっている。このように、両親にも育児休業期間が割り当てられ、両親の育児参加を推進している。さらに保育サービスも多様であり、プレスクール、放課後、保育所、家庭保育所が運営されている（内閣府、2019年）。

　フランスの子育て支援政策で傑出しているのは、家族給付制度、子どもを持つ家庭ほど有利になる課税制度、そして多様な保育サービスである。家族手当は手厚く、第2子以降に所得制限なしで20歳になるまで支給される。また、税制においては、多数の子どもを持つ家庭ほど税金控除が大きい仕組みとなっている。また、子どもが3歳になるまで育児

休業と労働時間短縮が認められ、第 2 子以降の育児休業手当は、3 歳まで受給可能である。職場に復帰する場合にも、保育ママ、ベビーシッターの利用に関する補助金が利用できる。さらに、在宅での保育サービスが発達しており、一定の要件を備えたものを登録する「認定保育ママ」が保育需要の多くを担っている（内閣府、2019 年）。

　これまで合計特殊出生率の低下に悩んできたドイツで、近年上昇がみられている。かつてドイツでは、男女の性別役割分業により、伝統的に女性の就業率が低かった。それが、両親と子どもが一緒にいられる時間を増やすため、保育施設の拡充や、手取り所得の約 7 割を保証する最大 12 か月の「両親手当」、両親が共に育児に参加する場合に 2 か月追加で両親手当の受給を受けられる制度が導入された。さらに、2015 年には「両親手当プラス」を導入し、両親共に週 25 ～ 30 時間勤務とする場合、さらに 4 か月の受給を可能とする「パートナーシップ・ボーナス」を与えた。これによって、男女の家事育児負担の平等化と女性の職場復帰を促し、これが出生率回復に結び付いたとみられている。

　背景にある考え方として、「家事に費やす時間は、労働市場で費やす時間に影響を与える」という点があげられる。女性のみが子どもの世話をするという不均衡な負担は、母親のフルタイムの仕事への再就職を妨げ、雇用主が子育て世代の母親を雇う機会を減らすことにつながるおそれがあるというものである（内閣府、2019 年）。

(2) NPO など民間主導型の子育て家庭への支援

　カナダやニュージーランドでは、民間主導型の子育て支援政策が進められている。必要に目覚めた人々による自助的な地域密着型のファミリー・サポート・システムが発達しており、学ぶべき点は多い。

　カナダで注目すべき支援システムは「ファミリー・リソース・センター」という、子どもと親の活動を支援する施設である。センターは、公的補助金、個人や慈善団体からの寄付を元手に NPO によって運営されている。主要な目的は「親の孤立を軽減させる」ことであり、親が子

どもを連れて集い、子どもを遊ばせながら情報交換する。「親の子育て能力を高める」ことも目標に掲げられ、親講習会が開かれている。「ノーバディーズ・パーフェクト・プログラム」は1980年代に現在のカナダ保健省によって開発され、親教育プログラムとして発展し、日本でも広く普及している（遠藤、2010年）。活動の中で、個人宅を訪れセンターに来るよう誘いかけるアウトリーチ的な活動も実施されている。

　ニュージーランドでも、民間主導型の子育て支援が発達している。同国では建国以来、社会福祉と教育制度が注目されている。女性の就労率が上昇する中、保育の質を向上させるために教育と保育を合わせた「エディキュア」という概念が発達し、幼稚園同様に、保育所も教育施設としての位置づけを持っている。そこには「テ・ファリキ」と呼ばれる幼稚園・保育所共通のカリキュラムが実施され、幼保一元化が完成しているという評価もある。さらに保育サービスの形態が多彩なことも注目され、幼稚園や保育所等の施設型保育の他に「プレイセンター」の活動がある。プレイセンターでは親や保育者が主体となって運営される、自主的で協働的な子育て支援活動が実施されている（久保田、2012年）。

第3節 »»» 日本の子育て支援の目指すべき方向性

▶ 1　男女の家事負担の偏り是正

　日本では、男女の性別役割分業の観点から、子どもを預けて働く母親に対する悪いイメージや、いわゆる「3歳児神話」により、保育施設の整備がいまだに十分でない。現在では「働き方改革」によって長時間労働の抑制や、同一労働同一賃金原則の徹底により、有償労働の分野での男女間の格差は縮まる方向にある。他方で、家庭における家事・育児の無償労働では、依然として男女間の偏りが大きい。日本は、OECD諸

国の中で、最も家事・育児時間の男女負担割合が偏っている国の一つである。これが女性のフルタイム労働復帰の機会を喪失し、働きながら希望の子ども数を持つことを断念させる要因となり、是正が必要とされる。

▶ 2　保護者・家庭及び地域の実情に即した子育て支援の必要性

　核家族化・少子化・都市化の進行・長時間労働の問題もあり、日本では、育児に悩む保護者が増加している。家庭における子育ての負担・不安・孤立感を和らげ、男女がともに子どもと向き合い、喜びを感じながら子育てができるよう、支援していくことが重要である。身近に育児について相談できる場所や、子育て家庭同士の交流の場所等の状況に応じた支援が求められている。保育所保育指針第 4 章子育て支援では「保護者に対する支援」は、保護者と連携して子どもの育ちを支える視点を持ち、子どもの育ちを保護者とともに喜び合うことを重視し、保護者の養育する姿勢や力が伸びていくような、保護者自身の主体性、自己決定を尊重した支援を行うことが重要となっている。

　保護者の働き方や暮らし方、社会構造等の変化により、保育ニーズは多様化しており、夜間保育、休日保育、一時保育、病児保育等の充実を、子どもの生活に考慮しながら進めることや、貧困家庭、外国籍家庭等、特別なニーズを有する家庭への支援についても、配慮する必要がある。さらに児童虐待相談の対応件数が増加しており、発生予防や発生時の迅速・的確な対応が求められている。保育所はそれぞれの家庭の多様な背景に合わせ、関係機関との連携を図りながら、適切に対応していく必要がある（厚生労働省、2016 年）。

▶ 3　保育の質の向上と保育士の確保

　厚生労働省は、待機児童を解消するために、必要となる保育士数を明らかにし、人材育成や再就職支援等を進めるための「保育士確保プラン」を策定した。保育士試験の年 2 回実施や処遇改善等の新たな施策を

講じ、施策に関する普及啓発を積極的に行っている。また、従来の保育士確保施策についても、①人材育成、②就業継続支援、③再就職支援、④働く職場の環境改善を「４本の柱」として、引き続き確実に実施することとし、保育士の確保と質の向上を目指している（厚生労働省、2015年）。

【引用・参考文献】

遠藤和佳子「ノーバディーズ・パーフェクト・プログラムの理論と実践──児童家庭支援センターにおける実践例を中心に」「関西福祉科学大学紀要」13号、2010年、pp.37-47

久保田力「ニュージーランドの就学前教育から学ぶ日本の『子育て支援』と『幼保一元化』の課題」「子ども教育研究」第４号、2012年、pp.57-68

厚生労働省「保育所保育指針の改定に関する中間とりまとめ」2016年

厚生労働省「保育士確保プラン」2015年

国立社会保障・人口問題研究所「社会保障・人口問題基本調査（結婚と出産に関する全国調査）現代日本の結婚と出産─第15回出生動向基本調査─（独身者調査ならびに夫婦調査）報告書」2017年

総務省統計局「平成27年国勢調査抽出速報集計結果」2016年

内閣府「平成19年度版少子化社会対策白書」2006年

内閣府「平成29年度版少子化社会対策白書」2017年

内閣府「令和元年度版少子化社会対策白書」2019年

増田啓子「支出と機会費用からみた子育て費用」㈳日本家政学会家庭経済学部会関東地区編『少子高齢社会と生活経済』建帛社、2004年、pp.71-84

（増田啓子）

【監修者紹介】

谷田貝公昭（やたがい・まさあき）
　目白大学名誉教授、NPO法人子ども研究所理事長
［主な著書］『インターネットではわからない子育ての正解（幼児編）』（監修、一藝社、2021年）、『図説・子ども事典』（責任編集、一藝社、2019年）、『改訂新版・保育用語辞典』（編集代表、一藝社、2019年）、『改訂版・教職用語辞典』（編集委員、一藝社、2019年）、『新版 実践・保育内容シリーズ［全6巻］』（監修、一藝社、2018年）、『しつけ事典』（監修、一藝社、2013年）、『絵でわかるこどものせいかつずかん［全4巻］』（監修、合同出版、2012年）ほか

【編著者紹介】

和田上貴昭（わだがみ・たかあき）
　日本女子大学家政学部准教授
［主な著書］『改訂版保育相談支援』〈保育者養成シリーズ〉（編著、一藝社、2019年）、『相談援助』〈MINERVAはじめて学ぶ子どもの福祉第3巻〉（共著、2017、ミネルヴァ書房）『改訂子どもの養護―社会的養護の基本と内容―』（編著、建帛社、2018年）ほか

髙玉和子（たかたま・かずこ）
　元駒沢女子短期大学教授、松蔭大学非常勤講師
［主な著書］『新版・保育用語辞典』（編集委員、一藝社、2016年）、『新版児童家庭福祉論』、『新版相談援助』ともに〈コンパクト版保育者養成シリーズ〉（編著、一藝社、2018年）、『改訂版保育相談支援』〈保育者養成シリーズ〉（編著、一藝社、2019年）、『改訂版・実践力がつく保育実習』（編著、大学図書出版、2019年）ほか

【執筆者紹介】（五十音順）

今井大二郎（いまい・だいじろう）　［第13章］
　　駒沢女子短期大学講師

大賀恵子（おおが・けいこ）　　　　［第8章］
　　岡山短期大学幼児教育学科准教授

大村海太（おおむら・かいた）　　　［第3章］
　　桜美林大学 健康福祉学群 助教

小口恵巳子（こぐち・えみこ）　　　［第10章］
　　茨城女子短期大学保育科教授

髙玉和子（たかたま・かずこ）　　　［第2章］
　　編著者紹介参照

千葉千恵美（ちば・ちえみ）　　　　［第14章］
　　高崎健康福祉大学人間発達学部教授

長瀬啓子（ながせ・けいこ）　　　　［第4章］
　　東海学院大学人間関係学部准教授

橋本　樹（はしもと・たつき）　　　［第9章］
　　横浜高等教育専門学校専任教員

橋本好広（はしもと・よしひろ）　　［第7章］
　　東京福祉大学非常勤講師

長谷川直子（はせがわ・なおこ）　　［第12章］
　　横浜創英大学こども教育学部非常勤講師

原子はるみ（はらこ・はるみ）　　［第11章］
　　元和洋女子大学人文学部教授

前川洋子（まえかわ・ようこ）　　［第6章］
　　豊岡短期大学講師

増田啓子（ますだ・けいこ）　　［第15章］
　　常葉大学保育学部教授

松好伸一（まつよし・しんいち）　　［第5章］
　　仙台白百合女子大学人間学部講師

和田上貴昭（わだがみ・たかあき）　　［第1章］
　　編著者紹介参照

装丁（デザイン）・イラスト　小原正泰

保育士を育てる⑨

子ども家庭支援論

2020年3月10日　初版第 1 刷発行
2022年8月30日　初版第 2 刷発行

監修者　谷田貝 公昭
編著者　和田上貴昭・髙玉和子
発行者　菊池 公男

発行所　株式会社 一藝社
　　　　〒160-0014 東京都新宿区内藤町 1-6
　　　　Tel. 03-5312-8890　Fax. 03-5312-8895
　　　　E-mail : info@ichigeisha.co.jp
　　　　HP : http://www.ichigeisha.co.jp
　　　　振替　東京 00180-5-350802
印刷・製本　モリモト印刷株式会社